史丹佛
線上高中課

用最頂尖的學習方法，
實踐全球化趨勢的未來教育

史丹佛線上高中校長
星　友啓 著

游念玲 譯

晨星出版

目次

〔前言〕

序章

摧毀孩子的教學方法
——8個可怕的教育常識

第1章

取消傳統學校的固定模式

第2章

為什麼線上學校能做到全美第一？

第 3 章

史丹佛大學教導學生擁有「生存毅力」

第4章

讓孩子一展長才的方法——8個正確指導

第 5 章

全球主流的教育趨勢

第6章 教育的未來

〔前言〕

全球的發燒話題！日本人校長在史丹佛大學經營的線上學校

■現在的教育常識到了未來竟變成沒常識!?

我在史丹佛大學附屬的線上高中擔任校長。

正如字面上的意思，本校雖然隸屬於史丹佛大學的一部分，卻是一所線上的「完全中學」，在這裡就讀國一到高三（七年級到十二年級）的學生均來自全美各地及世界各國。

即使完全採用線上教學，也不妨礙我們成為全美知名的頂尖學校。這些來自世界各地、能力出眾的學生們究竟如何在這裡接受教育？又學到了什麼呢？

讓我們透過最創新的教學現場，一起來凝視未來的教育風貌。

在這段旅程中，**我會詳細地告訴各位，人們一直以來習以為常的「8個可怕的教育常識」，和未來應該納入教學現場的「8個正確指導」**。

對以下問題深感興趣的讀者，若能繼續閱讀本書，將是我的榮幸！

「目前全球最創新的教學現場是在教些什麼？」
「美國的頂尖學校究竟如何教育學生呢？」
「最新科學研究提出了哪些正確而有效的學習法？」
「要怎麼做才能擴展孩子的天賦才能？」
「最新的教育趨勢為何？未來的教育又將呈現何種風貌？」

這些問題不光教育工作者感到好奇，包括正在育兒的父母，甚至學生們都想知道。讀者們只要繼續閱讀本書，很快就會找到答案，將來不管對教育模式、育兒方式、自身的學習方法都會在思惟跟行動上產生很大的變化。

舉例來說，下面幾點是大家習以為常的教育與學習常識，多數人都這麼做。

× **讚美**成果和能力
× 手把手**細心**教學
× 讓孩子使用**評價好的**教材和學習方式
× 讓孩子用自己**擅長的**風格學習
× 避免**壓力**
× 用考試來**檢測**孩子的理解度和能力
× **反覆練習**同類型的題目
× 讓孩子**獨自一個人**安靜讀書

可是，最新的科學研究卻顯示，這些常識全都有必要被重新檢討。

如果遵循這些常識，反而會削減孩子的上進心和學習熱忱、降低記憶力和思考力，使孩子得不到有效的學習成果。

人們一直以來相信的教育常識，在未來的教育模式下卻成了錯誤的常識。

透過本書的指引，讓我們一起轉換成未來的學習方式吧！

將線上教學做到全美升學率第一的學校

矽谷位於舊金山灣區，包括 Apple、Google、Facebook 及其他眾多知名的 IT 企業，都在這裡設立總部。

史丹佛大學就座落於灣區的正中央，我的工作便是結合**最先進的教育和科技**，協助全球各地才能出眾的孩子們學習。

史丹佛線上高中雖然僅創校十五年，卻在二〇二〇年三月由週刊雜誌《Newsweek》選為「二〇二〇全美最佳 STEM 高中」第三名。

此外，在美國最有名的學校排名網站〈Niche〉中，史丹佛線上高中連續五年被選入 Top10，更在二〇二〇年榮獲美國升學高中（College Prep Schools）第一名的殊榮，成果輝煌。

史丹佛線上高中在其他主要的學校排行榜中也被選為全美頂尖學校，但相較於其他眾多優秀的傳統學校之中，我們算是相當「年輕」的學校，能以線上教學模式受到肯定，成為全美頂尖學校之一，實在令人非常感激。

當然，我們之所以能獲得如此高的評價，畢業生的努力功不可沒。

我們的畢業生除了進入史丹佛大學之外，考上哈佛大學、普林斯頓大學等長春藤名校的比例也是美國數一數二，大學畢業後，更有許多人以學者或企業家為職志。

■培養孩子具備「生存毅力」的未來式教育

回首來時路，史丹佛線上高中能走到今天，獲得這麼高的評價，其實一點也不輕鬆。

自二〇〇〇年開始，以大學和成人教育為主的線上教育有了爆發性的成長，但人們很快就看到了問題，那就是學生的低結業率。

況且，線上課程無法支援社會情感學習，因此國、高中生是否適合採用線上教育，人們對此抱持著懷疑的眼光。

在這樣的情況下，史丹佛線上高中當初成立時，勢必逆著風向打造全新的學校。

然而，我認為這道強勁的逆風直指教育問題的本質，因此不該迴避，我選擇正面應對。

如果依照以往的做法，不做全面性的考量，只是平穩地經營一個有「學校氛圍」的線上課程，想必不會受到世人的認同吧。

那麼，若是要打造一個比傳統學校更突出的線上學校，又該怎麼做呢？

我想，除了要改變線上教育的常識之外，對於延續至今的傳統教育也要動手術革除弊端。

為此，史丹佛線上高中創校以來的軌跡就是一連串挑戰傳統教育的歷程。

首先，最重要的第一目標，就是培養孩子們在社會上的「生存毅力」。

接著，為了讓學生們能在多元的關係中好好學習，我們將線上溝通擺在校園藍圖的中心位置。

然後進一步導入「保健」（Wellness）課程及社會情感學習（Social and Emotional learning），從身、心等多重面向重新看待健康和幸福。

在我創建新學校的過程中，過去原有的「學校固定模式」，諸如「教師授課」、「年級」、「學習科目」、「課表」、「放學後」、「考試」、「排名與偏差值」等做法，都在必要的情形下逐一修正。

把這些極為平常的校園景象一下子撤換掉，我可一點也不猶豫。

■現在就該學哲學的理由

我將「哲學」設定為畢業門檻的必修課程，很大的理由是為了培養孩子們具備在未來世界所需的「生存毅力」。

孩子們在中學階段會接觸到各領域的知識，在這個過程中，要適應既有的知識框架當然是很重要的課題。

可是，在無法預測、急速變化的社會中，孩子需要能突破困境的「生存毅力」，這個關鍵能力並不是光靠巧妙掌握現行的社會遊戲規則就能達成。

面對社會上層出不窮的新遊戲，孩子們要有適應能力，甚至要能自行開創新遊戲，最重要的是具備「改變遊戲的能力」。

那該怎麼做才能鍛鍊出「改變遊戲的能力」呢？

我直接告訴各位，答案就是「哲學」。

哲學的本質便是重新質疑既有的常識和觀點，從而產生新的想法與價值觀。正是這種心理狀態源源不斷地為我們提供「改變遊戲的能力」。

生活在現代的孩子，特別是國、高中生，必須確實地養成這種心理習慣。

基於上述想法，我們規定史丹佛線上高中的每一位學生，每年都必須修讀哲學課，否則便無法畢業。

或許有人會覺得，哲學課和剛才介紹的「全美最佳STEM高中第三名」這個評價顯得很不搭。但是，史丹佛線上高中所追求的未來式教育，其核心正是必修的哲學課。

透過哲學課，學生不會被侷限在理科或文科的固有類別，而能培養跨領域思考的精神，孕育出在社會上走跳的「生存毅力」。為了實現豐富多元的博雅教育，我以哲學課為主軸，開發出能綜觀各領域的課程。

慶幸的是，學生和家長對哲學必修課的評價非常高，在美國也深受大眾的關注。

「雖然我選擇當科學家，但高中的哲學課是讓我成為一名成功科學家的關鍵。」

我們經常從校友那裡聽到如此喜悅的心聲。

■「教學過敏症的邏輯學者」才做得到的事

話說回來，為什麼我會加入史丹佛線上高中的起步計畫，大膽取消過去的教育固定模式，創建一所全新的學校呢？

這和我的**「教學過敏症」**有很深的關係。

學校尚在起步階段時，我還在史丹佛大學攻讀博士學位，當時已經寫完了博士論文，心裡思考著該如何度過最後這一年。

透過研究所朋友的介紹，我參與了史丹佛線上高中的成立事宜。

但是，就我的個性來說，這是相當反常的行為。

當時，我已經在史丹佛大學對大學生和研究生教授邏輯學，但卻對教學工作感到相當苦惱。

史丹佛大學的學生無論誰來教都無所謂，他們有能力自己學習，不斷往前進步，因此我感受不到教學的意義。

話雖如此，當學生不能馬上理解我的教學時，卻又讓我感到異常煩躁，感嘆學生的理解力不好。

當時的我，找不到教學的價值，整日和自己的矛盾奮戰。

更何況教國、高中生，那完全是不同領域的議題。大學生至少會對大人表現得恭恭敬敬，但在國、高中生的課堂裡，會不會發生大學生課堂上不曾出現的問題呢？

然而，實際開始教學後，我發覺先前所擔心的一切都是多餘的。

過去從未接觸過哲學的學生們，很快便津津有味地討論起哲學，就連我也覺得自己對學生的智慧成長有所貢獻。

我在高中生身上看到了戲劇性的轉變，此時我的「過敏」症狀一掃而空，甚至開始感受到教學的熱情。

當我回過神來，已經辭去了隔年預定要去的荷蘭某大學的研究職，以線上高中教師的身份全力投入創校的計畫。

後來，在我往後的教育生涯中，我想最珍貴的寶物便是這個「教學過敏症」。

在這個世界上，有的人天生便是很棒的老師，教育是他們的天職。但遺憾的是，我並不具備他們所擁有的那種自然直覺。

因此，我必須有意識地仔細分析、思考、練習那些有天份的人習以為常的教學方法。

我不會把一直以來大家所習慣的教學方法視為理所當然，而是自己建立假設，反覆經過種種的實驗與試誤。

無疑的，「哲學的力量」與「教學過敏症」在我的體內完美地融合了，結果讓我有能力重新審視過去的教育常識，有力量走向全新的未來教育。

史丹佛線上高中就是這樣教育國、高中生的。

從前的常識正不斷地快速更新，教育也不例外。

本書會向各位介紹最新的科學研究，告訴大家效果絕佳的學習法，以及世界最新的教育趨勢。作為具體實例，我也會一舉公開史丹佛線上高中的教育計畫和學校改革。

讓我們站在全球教育趨勢的最前線，一起展望教育的未來吧！

首先，就用最新的科學研究一刀斬斷過去的教育常識。

為什麼這些理所當然的教育常識會如此危險呢？

請各位從「序章」開始閱讀。

序章

摧毀孩子的教學方法

——8個可怕的教育常識

理想的教育，應該要回應當代社會的需求。隨著社會的快速變遷，現今的教育也不得不面臨改變，迫使人們重新大幅度地檢視過往的教學習慣。

本章會從過去人們普遍熟知的教育常識中，找出不適合未來世代的教育方式，一刀斬斷大家的迷思。

本書開頭便介紹了8個受到最新科學研究結果所否定的教育常識。

近年來由於腦科學和心理學的進步，關於人類學習的研究有了快速的進展，「學習科學」（Science of Learning）如今已是眾人矚目的焦點。

根據部分的研究成果可以知道，在眾多公認為良好的教學習慣之中，有某些學習和教育的方法，雖然自古以來被人們廣泛使用，實際上卻達不到應有的成效。

不僅如此，甚至還有一些我們自以為有助於孩子學習的做法，結果反倒對孩子的學習造成反效果。

在本章中，我把那些應該立刻喊停、會危及學習成效又錯得離譜的教育習慣，以及今後應該具備的思考方式加以濃縮後條列出來。

儘管我們覺得自己是為孩子著想，但或許反而將孩子的人生導向預料不到的不幸之中。

現在，就讓我們重新檢視那些會摧毀孩子的錯誤教學習慣。

常識1

「讚美孩子的成果和能力」
▼反而降低孩子的上進心

「你好厲害唷！閱讀速度真快！」「竟然連這麼難的題目都會，真聰明！」

當孩子回答出正確的答案或者嫻熟某項技能時，我們便忍不住想稱讚孩子，這是再自然不過的反應。不斷地給予讚賞是支持孩子走向成功的祕訣，愈是不吝於讚美，孩子便愈能體驗到成功的感覺。在讚美下成長的孩子，自然便能建立起自信心，對事物擁有滿滿的熱情。

然而，讚美孩子事實上是一把「雙面刃」，適當地使用固然可以收到良好的成效，但若稍有不慎，便會對孩子造成不良影響，產生意料不到的反效果。

例如：開頭提到的「你好厲害唷！」「竟然連這麼難的題目都會！」像這種讚美孩子成果的方式，或者是「閱讀速度真快！」「真聰明！」等讚美孩子現有的能力或才智，這一類的做法非常危險。

關於這一點，全球暢銷書《心態致勝：全新成功心理學》的作者卡蘿・杜維克（Carol S. Dweck）教授做了一連串有名的研究[1]。【資料出處請見書末參考文獻】

杜維克教授的團隊在一項研究中將小學生分成兩組，要求他們解答謎題。這些謎題並不難，只要專心思考，每個學生大致上都能解出答案。

解完謎題後，研究人員對其中一組（智力組）公佈他們答對的題數（N），並對他們的成果及腦力大加稱讚：「竟然答對了N道題目，做得好！真聰明！」但對另一組（努力組）則表揚其努力：「你們答對了N道題目，非常努力解題唷！」

接下來研究人員分別對兩組學生提出幾個問題，包含：謎題有趣嗎？想要帶回家玩嗎？覺得自己以後也解得出來嗎？

這些詢問是為了調查孩子是否保有「快樂」、「熱情」、「自信」的心態。

這次的調查結果顯示，兩組看不出有明顯的差別。

但是，當學生們再次解題時，研究人員詢問他們要做更難的題目還是維持相同程度，兩組學生的表現卻大異其趣。

智力組的學生多數希望做相同程度的題目，相對之下，努力組則有百分之九十的學生願意挑戰更難的題目。

由於智力組先前被稱讚「頭腦很聰明」，讓他們對於解題所帶來的他人評價有深刻的感受，因此希望自己能留下同樣的成果，繼續被大家認為很聰明。另一方面，努力組被稱讚的是努力的過程，這使他們願意進一步繼續努力。

正確讚美的祕訣

這項實驗還有後續。第二輪時，研究人員給同一批學生難度更高的謎題，結果幾乎所有的學生都拿到比第一輪更差的成績。

測驗結束後，研究人員如同第一輪一樣，向孩子們詢問關於「快樂」、「熱情」、「自信」的問題。

此時，智力組和努力組呈現出了相當大的不同。

智力組的學生表示，這次的謎題不如上次那樣有趣，也不想帶回家玩，而比上次更低的成績也讓他們的自信心滑落。

他們認為自己的「聰明」有了瑕疵，對解題不再感到快樂和熱情，甚至連自信心都被削弱了。

相較之下，努力組的學生則覺得謎題比上次更有趣，想帶回家玩的意願更強烈，儘管答對的題目比上次少，也不影響他們的自信心。

正因為不懂的地方變多了，努力組的學生單純覺得必須更認真學習，因此想帶回家多練習，這反倒讓他們對解答謎題產生更大的熱情。

從這個實驗可以明白，讚美孩子的成果和聰明才智，非但不會增加孩子的自信和熱情，反而很容易朝完全相反的方向發展。

讚賞孩子時，不要把重點擺在成果和聰慧上，而應稱讚孩子的努力與積極學習的態度，這麼做才能使孩子保持對事物的熱情。

常識 2 「手把手細心教學」▼好奇心銳減，學習流於表面

當孩子學習新事物或面對不懂的問題時，我們往往會用淺顯易懂的語句或文字一步一步地仔細說明，這似乎是理所當然的教育方式。

然而，手把手的教學，對孩子來說未必是最適當的做法。

更糟糕的是，那反而可能毀掉孩子因興趣而主動探索、主動學習的意願。

二〇一一年美國麻省理工學院（ＭＩＴ）的一份研究便頗富啟發性。受試者是一群幼兒園裡的兒童，研究人員把一個具有四種不同功能的玩具給孩子們玩，但在開始玩之前，先依孩子的組別一一說明玩具功能的操作方式，針對每一組孩子所進行的說明略有不同。

研究人員對第一組的孩子只說出玩具的一項功能：「大家快看！只要拉一拉這裡再轉一下，就會發出聲音囉！」其他三項功能完全不提，接著實地操作兩次給孩子看。

對第二組孩子則在實地操作同示範給第一組孩子的功能後，表現出要向孩子們說明，但

還來不及說明就有事離開的模樣：「大家快看，玩具發出聲音了！哎呀抱歉，我得去隔壁的教室一下。」

針對第三組，研究人員不主動說明，他們直接將玩具拿出來擺弄，裝作偶然觸發了同一種功能：「大家看，這個玩具很有趣吧？可以這樣拉，也可以那樣壓，啊！我聽到玩具發出聲音了！」

至於最後的第四組則完全不做任何說明。

研究人員對每一組進行不同程度的說明後，小朋友們便開始玩玩具了。

結果發生了什麼事呢？

聽了研究人員詳細的說明後，第一組只稍微玩一下說明過的那一項功能，然後馬上就丟下玩具不玩了。

而其他三組都發現了另外三項功能，玩玩具的時間也比第一組來得更長[2]。

進行這項實驗的其中一位研究員，即ＭＩＴ的認知科學家勞拉．舒茲（Laura Schulz）教授解釋，實驗顯示出極其自然的結果[3]。

當教學方式愈仔細，看似愈有效果時，孩子們立刻就會滿足於自己學到的知識和技能，不會想繼續深入學習。

因此我們要有意識地避免讓這種手把手的教法破壞了孩子的學習興致，盡可能引發孩子追根究底的態度，藉此引導孩子主動學習。

關於這一點，姑且不論第二組到第四組這種「半途而廢」的教學方式是否能作為範本，但這種教法確實引發了孩子追根究底的好奇心，這個部分非常值得注意。

教學的危險性

此外，我們若要透過這個例子更進一步深入探討，就必須先了解教學的另一項危險本質。教學原本就是一種由教育者的觀點和想法出發，繼而限制受教者思考方式的行為。

舉例來說：「哥倫布發現美洲大陸。」這段話是站在歐洲人的角度來看，但欠缺了美洲原住民的觀點，我想這早已是眾所皆知的論述了。

即便是歷史上的真實事件，也會因為描述該事件的前提條件和觀點有所差異，而大大左右了我們看待事物的眼光。

理科也有相同的情形，老師在教基礎科學時，一開始會忽略空氣摩擦力，假設一切都是純物質，省略較小的干擾要素，利用單純的模型來進行教學。

這種理想的科學模型雖然是學習基礎科學時的必要做法，但如果不確實體認到這是以學習作為前提的權宜方式，那麼面臨重要的場合時，就會對現實中常見的空氣摩擦力或不純物混合等現象產生誤判。

任何事情都可以有各種不同的觀點，剛開始學習時，必定要建立在某種固定的思考方式或前提下才能夠展開教學，而這種思考方式和前提對於孩子們的思考和世界觀會產生非常深遠的影響。

老師的教學使孩子們獲得了新的知識和技能，拓展孩子們的視野，然而當中卻也隱藏著限制其思考及觀點的危險性。

反過來說，這就表示我們必須時時刻刻記住，還有其他的思考方式、教學方式以及其他觀點的存在。

我們應該尊重孩子們的學習及思考方式，避免強行限制住這些珍貴的特質，對於各種看待事物的觀點都應予以獎勵。

常識 3

「讓孩子使用評價好的教材和學習方式」
▼容易阻斷孩子的才能和學習熱忱

如同我們剛才討論的，教學有其危險性，因此我們要注意，避免把特定的基準、觀點或框架強加在孩子身上。

比方說，不管是評價多高的教材或學習法，如果強迫孩子使用不適合自己的東西，就得不到好結果。

「明明看了課本就會做的題目，你怎麼就是學不會！」

「那家補習班的風評很差，去了也沒意義。」

不管是因為有科學依據還是朋友推薦，對於那些自己偶然相信且優劣難辨的特定教材或學習方式，我們要保持客觀中立的態度，不要強行要求孩子照著學習，也不要勉強孩子棄之不用。

愈重視孩子的人，就愈希望孩子使用評價好的東西，遠離不好的事物。

但是，我們應該把焦點放在孩子的個別需求及主動學習的態度上。無論評價多麼好的教材或學習法，如果不適合孩子，就會阻斷孩子的學習渴望和才能。不要專斷獨行地將特定的做法或標準強加在孩子身上，而應找出適合孩子的教材及學習方法，這才是我們必須著重的部分。

請重新想一想，所謂好的教材、好的環境、好的學校，究竟「好」的定義是什麼？我們可以想到各式各樣的理由，例如：大多數的孩子照這套方法都有效、跟教育學的理論一致、有經驗豐富的名師掛保證……諸如此類。

但是，無論評價多高的教材或學習方法，在其他孩子身上有效，不見得在自己的孩子身上也有同樣的效果。

能不能得到預期的學習成果，最終還是要看那份教材是否適合孩子目前的學習進度、能力以及熱忱而定。

孩子才是學習的主角，讓我們把眼光專注在孩子身上吧！在這個基礎上，目前孩子正在使用的教材或學習方法不論風評再好，如果不適合孩子，依然要鼓起勇氣去找尋新方法。

無論別人說得多麼棒，孩子眼前正在使用的教材、老師、上課的學校或補習班，都只不過是眾多方法中的一個選項而已。

教材和學習方法都是用來配合孩子的，我們對這一點要有清楚的體認。

孩子與學習方法的合適度

那麼，我們該如何分辨孩子是否適合使用某項學習方法呢？

首先，最重要的當然是仔細觀察孩子的狀況。

一開始接觸新的方法時，孩子或許會有點困惑跟不安，需要一些時間適應，即使最初的反應不那麼美好，我們也毋須馬上操心合適度的問題。

儘管看不到立即的成效，也不要催促孩子，更不要感到焦慮，而是花點時間從旁協助孩子，讓孩子慢慢適應新的方法。

度過初期階段後，如果孩子逐漸展現出正面的變化，學習態度也愈來愈積極，這或許就是適合孩子的方法。

不過，如果始終看不到進步的徵兆，孩子也提不起勁學習，那就很難說是適合孩子的學習方式。

孩子與學習方法之間的合適度，並不總是非黑即白讓人可以輕易判斷。當然，如果看到孩子的學習成果與熱情都往上提升，又或者發現孩子經常陷入沮喪之中，這些狀況可以讓我們很清楚辨別該方法是否適合孩子。

但是，我們也很常見到難以歸類到任何一邊的灰色地帶。

因此，在判斷該學習方法是否適合孩子時，對學習進度給予具體且頻繁的評估，就成了非常重要的指標工作。

若僅憑粗略的印象，就會對那些學習狀況尚處於灰色地帶的孩子們產生誤判。

如何有效評估孩子們的學習狀況，我們會在第4章的「自我評價」單元進行詳細說明。

身為學習主角的孩子，要如何找到最適合自己的學習條件，其實得經歷一連串的試誤。

適合孩子的學習方法往往並非只有一種，即便現在適合孩子的學習方法，也不能保證未來也是最佳的做法。即使目前適合，以後也有可能找到更棒的方法。

我們要有試誤的心理準備，必須勇敢地嘗試不同的學習方法，而非固執地將同一套方法強加於孩子身上。

常識 4

「讓孩子用自己擅長的風格學習」▼違反腦科學的做法很難牢記知識

話雖如此，一旦發現了孩子喜歡、擅長的方式，我們很自然會覺得沒必要再嘗試其他不習慣的做法。

事實上，指導方針和教育理論的基礎論調就是「讓孩子從頭到尾使用擅長的風格學習」，這一直以來都是全世界的共通想法[4]。

每一個孩子都有屬於自己的「學習風格」，搭配合適的做法後就讓孩子一式學到底。

「我透過圖解等視覺方式會學得比較快。」
「我用文字來理解會記得更快。」
「與其一個人安靜地學習，你更適合跟人互動討論。」

每一個孩子各有不同的「學習風格」，如果使用的學習方法符合孩子的「學習風格」，效果自然往上提升。

這種「學習風格」的思惟，早已是人們口中非常理所當然的教育常識。

然而，這點其實是我們要特別注意的地方。

近年來的認知科學研究告訴我們，利用孩子自認為擅長的「學習風格」來提高學習效率的想法，並沒有科學上的根據[5]。

舉例來說，美國印第安納大學（Indiana University）的奧勞克林教授等學者的研究顯示，學生是否利用符合自己「學習風格」的方式來讀書，與實際的學業成績並沒有關聯[6]。

孩子們自認為擅長的「學習風格」與實際上產生的學習效果，完全是不同層次的問題。

不僅如此，以最先進的腦科學方式所研究出來的「學習科學」成果，已清楚揭示，相較於從頭到尾透過某種特定的方法學習，反倒是利用各種不同方法學來的東西能夠記得更牢固，讓學習效果更上一層樓[7]。

人類的大腦非常有彈性，不但可以適應新的學習方法，並且善用多元的方法更能提升學習效率。

我們必須跳脫自認為擅長某種形式的思惟，改採多樣化的學習方法。關於多樣化學習的重要性，我會在第4章進一步詳細討論。

常識 5

「避免壓力」▼違反人類DNA反而使壓力產生更多不良影響

接下來，讓我們想一想生存在現代社會裡避免不了的「壓力」吧！

壓力會給身心健康帶來很大的影響，極度高壓的環境絕對不可能是最佳的學習環境。但是，想完全去除壓力並不現實，再說，要達成良好的學習效果，也沒有必要完全去除壓力。

實際上，我們從最新的認知科學研究可以知道，適度的壓力能提高學習者的記憶力和專注力，提升學習的效果[8]。

甚至有人認為，進行學習行為時，心理和身體的活動之所以會因為壓力而提升，是因為這些壓力反應就進化論的角度而言有利於人類。

當周圍的環境產生了某些壓力，表示環境會對我們的身體造成某些威脅。在承受壓力的狀態下，心理和身體的活動會在那段時間變得比往常更活躍，這是人類在進化過程中得到的重要身體機能，能幫助我們在惡劣的環境中存活下來，也是烙印在我們每一個人DNA裡的生存戰略。

因此，面對壓力時，既不要害怕也不要躲避，最重要的是學會與壓力和平共處的心態。

在日本擁有高人氣的凱莉・麥高尼格（Kelly McGonigal）博士，曾在自己主講的 TED Talk「如何讓壓力成為你的朋友」[9]中介紹相關的研究。

其中有一份來自美國威斯康辛大學麥迪遜分校（University of Wisconsin–Madison）的研究[10]，報告裡指出，相較於是否感受到壓力，我們對於壓力的態度顯得更加重要。

比方說，如果一個人強烈感受到了壓力，並認為這份壓力有礙自己的身心健康，那麼這個人早逝的機率會比一般人高百分之四十以上。

進一步而言，意識到壓力會造成不良影響的人，相較於不在意有不良影響的人，在健康上實際受到損害的機率是二至四倍，精神上感到痛苦的機率也會竄升至二至五倍以上。

利用壓力的正確方法

相反的，也有報告指出，如果用正面的態度來面對壓力，便能減少壓力帶來的不良影響。麥高尼格博士在前述的 TED Talk 演講中，介紹了哈佛大學的心理學教授馬太・諾克等學者們的研究[11]。

只要我們感受到壓力，就會引發身上的各種壓力反應，例如：在演講前因為緊張而心跳加快便是其中之一。

諾克教授將要進行演講的受試者分成兩組，對他們提供不同的說明。

他向第一組表示，緊張等壓力反應具有醫學上的意義，是身體和心理為了待會能表現出最好的一面所產生的反應。

對第二組則不這麼說，只表達若想避免緊張等壓力反應，就得忽視壓力源。

兩組受試者在演講過後都接受了檢查，結果顯示，第一組受試者的心肺機能比第二組來得更平穩，專注力也更高。

換句話說，只要我們能像第一組那樣用正面的態度去解釋壓力，便能減低壓力帶來的不良影響，使身心往良好的方向發展。

同樣的，也有其他報告顯示，如果在考試前告訴孩子，壓力反應會帶來好成績，不但可以減少壓力造成的身體不適，就連考試成績也會往上提升[12]。

如同這些實驗所示，我們要用正面的態度來解釋壓力，而最重要的第一步，就是理解適度的壓力能帶給我們良好的效果。

本書的讀者們想必都明白這一點了，因此也都跨過了正面肯定壓力的第一步。

人們還想出其他許多積極面對壓力的方法。

例如：感受壓力並思考為何會有那樣的感覺，想一想事情發生時，自己會有什麼感受，並事先在心裡進行情境模擬：「如果……我會……」，設定目標後便一心一意，不做他想。

在這個過程中，如果感覺壓力愈來愈大，就停下來休息，或者笑一笑、動一動身體，這些都是有效的做法。

管理壓力的技巧五花八門，需要每個人自己實際尋找、嘗試，請和孩子一起實踐你們認為最合適的方法吧！

最後，當你覺得自己的壓力愈來愈大，情況不太對勁時，即便只有一丁點這種想法，也不要有任何遲疑和猶豫，一定要去找專業人員或醫師進行諮詢。

在現代社會，任何人都有壓力問題，需要專業上的協助並不可恥，這也不代表孩子或自己的能力到了極限。讓我們適當地協助孩子，將孩子的學習能力發揮到最大程度！

常識 6

「用考試來檢測孩子的理解度和能力」▼錯過了最好的學習機會

前文提及考試和壓力的關係，然而，像考試這種會造成壓力的行為，我們為什麼非做不可呢？

首先，一般人很單純地會想到，考試的目的是為了瞭解自己現在的理解度和能力。舉凡國家或區域的標準學力測驗、各團體舉行的資格考試、學校的入學考或期末考……等等，目的雖然有所不同，但結果都是用來檢測學生能力的工具，這或許是非常普遍的想法，但事實卻非如此，尤其學力測驗並沒有那麼單純。

舉例來說，美國的大學入學標準測驗，與其說是用來檢測學生的學習能力，倒不如說和父母的收入息息相關，這點早已為人所詬病[13]。

此外，如前所述，壓力本身或者面對壓力的態度都會造成測驗的結果改變，當然，當天的身體狀況同樣會造成很大的影響。

而且，認為「考試分數只不過是檢測學生有多會考試的指標而已」，類似這樣的論調也屢見不鮮。

換言之，考試的結果深刻反映出學生的學力和理解度以外的東西，像是雙親的收入、壓力管理能力、當天的身體狀況、對考試的調適度等等。

話雖如此，世上依然有考試存在，這就是現實。不管考試要檢測什麼能力，我們都非考不可，這一點不會有所改變。

正因如此，理解考試在學習上帶來的真正效果才顯得如此重要。

考試是最強的學習工具

如果考試不是了解自己學習能力的工具，那究竟是什麼呢？

最近的學習科學研究明確揭示出，考試是用來製造最佳學習機會的工具。

在考試當下，必然會以某種形式喚醒我們曾經學過的某些知識。

而「喚醒記憶」這個動作，正是引導我們進入高效學習的一把鑰匙[14]。

美國普渡大學（Purdue University）曾做過一項研究，研究人員設計一套以喚醒記憶為基礎的學習法，用以比較其他傳統學習法的效果[15]。

首先，讓三組學生使用不同的方法學習同一套課本。第一組學生用的是反覆朗讀課本的方法。第二組在讀完課本後，用圖解的方式將重點寫在筆記本上。至於第三組，研究人員在學生讀完書後進行測驗，試圖喚醒學生對書中內容的記憶，藉此學習書中的內容。

經過一週後，三組學生都要接受考試，測驗在課本裡學習到的內容。

結果顯示，第三組學生的成績特別優異。而且不僅對背誦歷史年號這種依靠記憶的問題有效，在需要思考力的應用題上也能看見同樣的結果。

換言之，如果我們只將考試視為了解自己實力的工具，便會造成兩層意義上的浪費。

首先，第一層就是考試測不出實力。

第二層則是我們沒有發揮出考試對於學習的最大優勢。

這些既是事實也是現況，考試不是能夠有效評量學習成果的工具，我們應將其重新定位成創造學習機會的工具，靈活而巧妙地加以運用。

美國范德堡大學（Vanderbilt University）的官方網站便針對考試做了一些介紹，教我們如何將考試巧妙地運用到自己學習當中的四個訣竅[16]。

請注意以下四點，幫助孩子透過考試來進行學習。

1. 考一考孩子，要孩子時常回想最近學到的東西。
2. 邊回想學到的東西邊做重點整理，把這個過程養成習慣。
3. 在學習之前，先考考孩子等一下要學的內容，了解程度。
4. 確實了解考試和回想練習有助於長期記憶及提升學習成效。

這四個訣竅全都可以現在就著手開始做。尤其是第四項，今天和孩子聊天時，就試著加入這個話題吧！

常識 7
「反覆練習相似的題目」▼提高了速度卻降低了思考力

對許多孩子來說，與考試一樣常見的學習法，就是反覆做練習題。加法、減法、圖形練習、抄寫……世界上存在著各式各樣的練習題，讓老師、父母和孩子們拿來加以利用。

作業本裡每一頁都寫著相似的問題，孩子們便反覆練習解題。

練習題的目的是為了學會特定的技巧或知識，這種方式尤其被用於教導幼兒和小學生，目前已證實能達到各種學習效果。

然而，「反覆練習相似的題目」這種理所當然的學習方法，近年卻逐漸被拿來重新檢視。

做一些重複的練習在學習上確實是不可或缺的過程，但多數的練習題都太過強調反覆練習的次數與速度了。

孩子們不僅要寫出正確的答案，還必須能快速解題。為了「習慣」題目的風格並迅速解題，孩子練習十次還不夠，非得練習二十次甚至更多以上。

解開相似的問題、習慣題型，才能更快速地得出答案，這是無庸置疑的事實。

然而，即使孩子能夠迅速回答計算題或背誦題，光做這類單純的題型並不會提高理解力或思考力。

這種練習反而讓孩子習慣用同樣的思路來回答相同的題型，想法容易缺乏彈性，也不太懂得可以運用不同的觀點來看待事物。

快速解決問題和深入思考的能力，在腦科學上恰恰是相反的路線。

美國史丹佛大學的教育學教授裘・波勒（Jo Boaler）便舉出好幾位著名數學家的例子，用以說明這一點。

素有數學界「諾貝爾獎」之稱的「費爾茲獎」（Fields Medal），其得獎者中有一些學者從小便被貼上學習障礙和數學白癡的標籤，算數的速度奇慢，日後卻成了偉大的數學家[17]。

培養思考力的數學計算方法

那麼，究竟該怎麼做才能培養思考力呢？

波勒教授建議，讓孩子用不同的方法和思路來解決每一道題目[18]。美國的學校裡也已經相當熟悉這種做法了。

若以數學為例，不是要求孩子做二十個相同的題型，而是從二十個題目中挑出五題，每一題都用四種不同的方法解答。

透過不同的思路來理解同一道題目，藉此便能提高學習的效率，這在腦科學研究上已獲得證實。

此外，用不同的方法來解決問題，這種方式能使孩子的想法變得更有彈性，一旦發現此路不通也願意再嘗試不同的路徑，養成良好的學習心態。

而且這種教學方式更能培養孩子在心裡經常思索不同方法的習慣。

在上述例子中，如果孩子一鼓作氣解決二十個題目，就會覺得自己攻克了一道道關卡，心情非常暢快，一頁一頁地翻著作業本，便感到自己不斷往前進步，愈做愈有勁。

無論是父母或是孩子，在順利寫完大量的題目後都得到了「進度感」，因而容易不自覺地依賴這種反覆練習的模式。

但是，並不是解決愈多題目、寫過愈多頁數，就代表學習情況愈好。什麼事都講究平衡，若只靠著迅速而熟練地反覆做練習題，孩子無法學會思考力以及對事物的深層理解。我們應該多加留心，讓孩子採用多元的學習方法。

常識 8

「讓孩子一個人安靜讀書」▼使「半邊」大腦處於休止狀態

由於 COVID-19 肆虐，全球各地都開始採用線上教學，許多孩子和父母不得不在家裡另關學習環境。

能擁有自己的書房是很幸運的事，若和家人共用空間，在家學習的孩子很難創造出能夠專心學習的安靜環境。

「讀書是需要一個人安靜專注做的事」——這是非常自然的想法。就算沒有COVID-19，大家要讀書時，自然而然便會待在安靜的地方專注學習，只和朋友們閒聊是達不到學習效果的。

可是，如果太執著於「一個人安靜學習」的模式，反而會錯失更有效的學習機會，這點我們必須多加注意。

因為最新的腦科學研究顯示，人與人之間的互助合作在學習上扮演非常重要的角色。我們在生活中總要與他人對話或一起共事，換句話說，生活中處處充滿了「互助合作」。

掌管人類這方面社會性的腦部區域就被稱為「社會腦」，至今累積了許多相關的研究。

比方說，目前我們已經知道，只要與他人合作，屬於社會腦之一的額頂葉注意力網絡

（Frontal-Parietal Network，簡稱ＦＰＮ）便會活化，使控制思考和行動的前額葉皮質變得更加發達。

最新的腦科學研究也已證實，互助合作對學習具有很大的幫助[19]。在社會腦沉睡的狀態下，不可能得到最佳的學習效果！

互助合作與學習之間的深刻關係，也展現在孩子們的考試成績上。以我在這裡要向各位介紹的「國際學生能力評量計畫」（Programme for International Student Assessment，簡稱ＰＩＳＡ）❶報告為例。

ＰＩＳＡ是由經濟合作暨發展組織（ＯＥＣＤ）每三年一次為全球十五至十六歲的孩子舉辦的學力測驗，評分範圍包括閱讀、數學、科學等三個領域。

ＰＩＳＡ在二〇一五年的學力測驗中導入了判斷合作能力的考試，做法是讓數名學童合力解題。

❶譯註：台灣的ＰＩＳＡ官方網站：https://pisa.irels.ntnu.edu.tw/ 台灣ＰＩＳＡ國家研究中心

從該年的測驗結果可看出，合作能力測驗的成績和普通的ＰＩＳＡ學力測驗的成績有強烈的關聯性。

而且，在學力測驗中拿高分的孩子，也有很強的合作能力；反之，學力測驗分數較低的孩子，合作能力也明顯較差[20]。

合作與學習的深層關係

由此可知，社會腦與學習之間有著很深的關係，下面的研究也相當富有啟發性。

在這項研究裡，受試孩童讀著一本與日常行為相關的教科書。

研究人員對其中一組表示，讀完這本書後要考一考他們記得多少內容；至於另一組，研究人員則要求他們在閱讀教科書時，一邊想像符合這些日常行為的實際人物。

研究結果顯示，相較於考驗記憶的組別，閱讀時想像實際人物的組別拿到特別高分。

換句話說，即便沒有實際與他人合作，在腦海中想像別人的畫面也能提高記憶力[21]。

我們所熟悉的傳統教育方法，也可以從合作與學習的觀點出發，重新加以認識。

例如：目前已知，將學習目的調整為教導他人而非單純地讀書，效果會比考試導向的學習來得更好[22]。

此外，同學之間互相指導的「同儕教學」（Peer Tutor）也有很棒的效果。我們知道，無論是指導者或被指導者，雙方都能提高學習成效，尤其是對指導者的學習特別有幫助[23]。

當孩子說想和其他人一起讀書時，大人可能會擔心他們最終以玩樂收場，這很正常。我們很自然會認為，讀書本來就要一個人安靜地專注學習。

然而，不管是腦科學還是心理學，都已經告訴我們團體學習有顯著的效果。因此，不要一口斷定團體學習不好，我們必須跨出第一步，去思考如何協助孩子在讀書時不會都在玩遊戲或閒聊。

此外，如果團體學習難以實現的話，就想辦法製造機會，讓孩子向家人說明自己學會的東西，活化孩子的社會腦，如此便能提高學習效果。

世人推崇的學習常識，其實許多都大有問題。

本書的內容若能為今後的改善策略提供一點參考，實屬榮幸之事。

正如在本章中看到的那樣，把長期使用的危險教學方法和學習習慣果斷改掉的精神，已經深深地反映在史丹佛線上高中的課程設計中。

從下一章開始，就讓我澈底剖析這種未來型的學校設計，究竟隱藏了什麼祕密。

第 1 章

取消傳統學校的固定模式

在美國史丹佛大學攻讀哲學博士的最後一年，我早早便完成了博士論文，心裡思索著該如何度過剩下的這一年左右的時間。

此時，研究所的朋友向我介紹了一項計畫——「設計一門適合高中生修讀的哲學課」。美國的學生和日本一樣，進大學以後才會正式開始學習哲學。身為一個小小的哲學博士，推廣哲學的基礎教育是我的心願。

這麼一想，我便對這項計畫產生了興趣，於是進一步詢問朋友相關事宜。

「史丹佛大學要推動線上高中的起步計畫，哲學課是必修科目之一，需要製作成線上課程。」

當時，線上教學在美國矽谷一帶早已是人們口中的熱門話題。

「專為高中生設計的哲學課」＋「流行的線上教育」。

這樣的組合令我感到興奮不已，立刻決定加入線上高中的起步計畫。

不過，就像「前言」中所說的那樣，這個行動和我本身的個性有點牴觸。

當時，我除了將精力投注在邏輯學的研究以外，也教授大學生和研究生，然而史丹佛大學的學生都特別聰明，任何人來教都能學得又快又好，我感受不到自己教學的意義。

由於有這樣的想法，所以我帶著輕鬆愉快的心情順利設計出線上哲學課，然而，接近學期初要實際教學的階段時，忽然有一股強烈的不安向我襲來。

我從來沒有教過美國的高中生，遑論線上教學，我原本就不擅長教學，不可能用雀躍的心情為學生上課。

但是，我沒有理由半途而廢，不管怎麼說，我都必須賺取研究生該負擔的伙食費。因此我不得不努力壓下內心的不安，面對自己的「教學過敏症」。

然而，本書的「前言」中也提過，當新學期一開始，我的「教學過敏症」便消失得無影無蹤了。

當我體會到高中生因為學習而產生的劇烈變化，就不再對教學過敏，反而開始感受到教學的熱情。

第一次為高中生進行線上授課，我拼命地堅持了一年。

一開始感覺像是「打工」的線上高中，不知不覺間成了我的「終生事業」。

從前擁有的「教學過敏症」和「哲學家」的背景給我帶來不一樣的觀點，讓我願意重新審視既有的教育常識中應該改善的部分。

實際上，史丹佛線上高中取消了好幾種「學校的固定模式」。這麼做是基於什麼目的？我們又取消了哪些傳統學校的固定模式呢？接下來就讓我為各位介紹幾項主要的教育改革。

■教師授課——學習的門檻過高

「這裡的老師不教課嗎？不教課怎能算是學校！」說的沒錯。事實上，史丹佛線上高中在草創階段時，最初是採用學生與教師同時上線的直播教學。

我們取消「傳統學校的固定模式」，是指公立教育體制中常見的「教師授課」。

年幼時，我在小城鎮的公立小學上課。

由於特別擅長繪畫，因此經常受到地區性的表揚。

有一次，我被表揚的畫作題為「無聊的課堂」。

我畫了在教室裡拿著教科書，眼睛卻瞟向遠方的自己。我的臉上掛著一副難以形容的空白表情，整間教室的氣氛昏昏欲睡，透過這樣的狀態傳遞出課堂有多麼無聊。

沒想到這種主題的畫作竟然得獎了，該地方機構顯然相當開明，我也覺得與有榮焉。

在那張畫裡，我的視線落在授課的老師身上。

老師站在教室的黑板前，口沫橫飛地講解教材內容，並從教材中提出練習題，這幅景象正是典型的「教師授課」。

教師授課涵蓋了各種優點，無論班級大小，老師都能輕鬆進行教學，也容易設定上課的進度，而且還能有效為學生補充需要的教材。

因此，在數十人或數百人的大班裡，以及那些被要求依照標準課程來指導學生的公立學校，這是相當方便的教學模式。

但另一方面，教師授課的形式會替學生設下較高的學習門檻。首先是專注力。要長時間在人群包圍中仔細聆聽老師授課，就連大人都很難做到。學生還必須懂得如何寫筆記、畫重點，以及其他許多學習技巧。

教師授課不是花大量的時間配合每一個學生的狀況進行手把手的教學，在這個前提下，如果學生沒有相當的學習意願或技巧，就不可能獲得有效的學習成果。

課堂上的學生是被迫學習，要他們維持學習動力並專注聆聽老師上課，可不是件簡單的事。

基於這個觀點，史丹佛線上高中才會放棄傳統的教師授課模式，改為在網路上引進全球首見的「翻轉教室」。

傳統的教師授課，是在上課時由老師教導學生各個科目，放學後學生必須另外做功課，練習上課學到的內容。

相較之下，「翻轉教室」會把上課時間拿來操作事先預習過的內容，在這段時間裡，學生會與其他同學進行討論、練習問題，並實際參與學習。老師講課的部分則放在課前預習，讓學生在上課前先讀教科書、觀看教學影片。

翻轉教室把傳統的上課聽講與下課練習的順序「翻轉」過來，近年來頗受大家關注，日本也有愈來愈多教育機構採用這種方式。

正因為我們是線上教學，所以比一般課程更需要學生投入參與。基於這樣的想法，我們取消了傳統的教師授課型態，導入由少數人組成的講座型教學，促使大家參與翻轉教室的課堂學習。

關於線上翻轉教室的情形，在下一章也會為各位仔細說明。

■年級——在不公平中尋求公平的系統

「咦？你的兒子已經讀國二（八年級）？所以是十三歲囉？還是十四歲？」

每當和親戚朋友的孩子碰面時，似乎自然而然就會展開這樣的對話。

但是，如果孩子就讀史丹佛線上高中，剛才那段平常不過的對話也許就不適用了。

因為我們不會依照孩子的年齡來分配年級。

學生可以根據自己的學習進度和學習計畫來指定要上幾年級。

所以，史丹佛線上高中裡也有俗稱「跳級」的學生，過去甚至還有九歲就入學的孩子。

仔細想一想，這麼一來，像年級制那樣「不公平的公平」的制度便消失了。

日本公立教育的年級制，把同一套標準套用在所有的孩子身上，這一點或許是為了所謂的「公平」。

然而，即便是就讀同一年級的孩子，年齡上最多甚至可以差到一歲，何況每個孩子的生活背景、學習狀況和今後的目標，也都各不相同。

但學校卻對這些不同的條件置之不理，僅靠著「年級」來分組，替孩子劃分出該學習的知識，企圖使教育「效率化」，這就是現行的「年級制度」。

在公立學校這種必須以有限的資源來教育多數學生的地方，這是必然的組織結構。大家遵循相同的規則，接受相同的教育，就這一點上是「公平」的，但對於能力或需求與眾不同的孩子來說，要他們接受相同的教育，就顯得既不公平又缺乏同理心。

若真要追求適合每個學生的學習策略，依據年齡來分配年級是否思慮不周全的做法呢？

我希望實現的教育理念，是讓學生設計適合自己的學習進度表。

由於有這樣的想法，因此史丹佛線上高中基於「Design Your Learning」（打造自己的學習計畫）的精神，引進了新的組織結構，能配合每個學生的需求和目標協助其學習。

結構中的一環就是廢除依年齡分配年級的制度，改由學習進度和學習計畫來分配年級。

實際上，從國一到高三的學生都可以申請進入線上高中。提出申請時，學生要表明自己想上的年級。

我們在進行入學審查時，會按照學生的期望，判斷學生的準備是否夠充分、畢業年度是否與學習計畫一致等條件，來決定學生該上哪一個年級。

年齡固然是重要因素，但我們還是會整體進行綜合評估後，才決定學生就讀的年級。

學生入學之後也保持「Design Your Learning」的理念，在學期間定期與指導老師討論學習計畫和學習進度。

在這個過程中，如果有必要的話，學生可以留在同一個年級重複上課，也可以加快學習計畫，選修程度較高的課程，種種做法都是為了配合學生的進度隨時加以調整。

此外，學生在日常生活中也應該培養課業以外的興趣，因此學生們將依循「Design Your Learning」的理念設計自己的學習計畫，使運動、藝術等各種課外活動與學業兩不耽誤。

■ 學習科目──勉強大家都學同樣的內容太不合理

在史丹佛線上高中，學生是依自己的畢業年度為標準來決定該上幾年級，而非由校方分配讀同一年級、上相同的科目、修同樣的課程。

換言之，在史丹佛線上高中，所有學生共通的「統一課程」並不存在。

舉例來說，讓我們一起看看就讀高一的 Jim 和 Katie 選修的科目。

這兩位同學雖然都讀高一，但選修科目卻大相徑庭。唯一一門共同課程只有高一必修的「科學史與哲學」。

再仔細確認一下他們的課表內容。

Jim 是個相當擅長理工科目的學生。

「英語文學II」相當於日本高一的「國語」，而「拉丁語I」則是拉丁語入門，相當於高一程度。

Jim	Katie
●科學史與哲學	●科學史與哲學
●英語文學 II	●現代文學
●拉丁語 I	●西班牙語 5
●AP 物理	●代數 II
●線性代數	●化學入門

但是，「AP物理」屬於大學入門程度，「線性代數」也和史丹佛大學數學系的科目一樣。由此可知，Jim在他自己擅長的理工科領域，雖然是個高一學生，卻已經在修大學等級的課程了。

對照 Katie 的課程，她應該對人文學科抱持著強烈的興趣吧！

「代數 II」和「化學入門」相當於高一程度，而「現代文學」則相當於大學的英語文學課程。

「西班牙語 5」更是比大學入門等級的「西班牙語 4」高一階，是可以閱讀西班牙文學作品程度的課程。

在本校，像 Jim 和 Katie 這樣選修不同課程的學生並不罕見，即使大家都在同一年級，但選修的課程卻有很大的差異，非常多元。不同的學生之間，選修科目一模一樣的情況是非常少見的。

如上所述，學習計畫的多樣性雖說是「Design Your Learning」所造成的結果，但也讓我們再次了解，透過「Design Your Learning」才能協助學生多元的學習需求。

■課表——別綁住孩子個別的生活作息

「Design Your Learning」的實踐就體現在孩子們的課表上，史丹佛線上高中的學生即使選了同一門課，也不一定要在同一個時段上課。

由於史丹佛線上高中是以人少的講座課為基礎，因此選修人數較多的課程會在多個時段開課。

本校有來自全球各地的學生，因此我們必須把同一門課分散到不同時段開課，透過這種方式來克服世界上不同地區的時差。

例如 Jim 住在美國西岸的加州，對他而言清晨六點的課可能太早了，但住在美國東岸的 Katie 和西岸有三個小時的時差，此時是早上九點，這個時段正好適合上課。

許多學校會讓學生的行程配合校方規畫的課表，但史丹佛線上高中卻反其道而行。

每年一到了規畫行程的時期，學生就要向學校提出自己的睡眠時間和其他課外活動預定的時間表。

我們會把學生的時間表和時區、教師的時間表全部記錄下來，然後利用電腦規畫出最佳行程。如此一來，就能計算出適合每一個學生的課表。

學生不但要制訂自己的學習計畫，也要能規畫出課業與課外活動兩者兼顧的平衡生活。

美國西岸	Jim 星期一 星期三	Jim 星期二 星期四
0:00	睡眠	
1:00		
2:00		
3:00		
4:00		
5:00		
6:00		
7:00		
8:00	自由時間	
9:00	科學史與哲學	課外學習
10:00	課外學習	
11:00	英語文學 II	
12:00	課外學習	
13:00	拉丁語 I	拉丁語 I
14:00	課外學習	課外學習
15:00	線性代數	AP 物理
16:00	空手道	自由時間
17:00		小提琴課
18:00		
19:00	自由時間	
20:00		
21:00		
22:00		
23:00	睡眠	

Katie 星期一 星期三	Katie 星期二 星期四	美國東岸
睡眠		3:00
		4:00
		5:00
慢跑		6:00
自由時間		7:00
		8:00
課外學習	科學史與哲學	9:00
	化學入門	10:00
芭蕾舞課		11:00
		12:00
		13:00
		14:00
		15:00
課外學習	課外學習	16:00
西班牙語 5	西班牙語 5	17:00
課外學習	課外學習	18:00
現代文學	代數 II	19:00
課外學習		20:00
自由時間		21:00
睡眠		22:00
		23:00
		0:00
		1:00
		2:00

我們本著「Design Your Learning」和「Design Your Life」（規畫自己的人生）這兩種精神協助學生，取消一般課表的製作方式，對校方的行程做了很大的改革。

那麼，實際的課程規畫請見前面所列出 Jim 和 Katie 的課表。

從線上高中畢業的全日制學生，每學期平均會選修五門課，Jim 和 Katie 是全日制學生，所以他們各選了五門課。每個科目以講座方式上課，每週上兩次，可以選擇每週一、三或每週二、四兩種授課時段。

比方說，以西岸時間為例，Jim 的「科學史和哲學」在星期一、三上課，Katie 則在星期二、四上課。

拉丁語和西班牙語等語言科目例外，在整週的兩個時段中，即一、三與二、四都要上課。我們把語言課程設計為每週四次，比其他科目更加頻繁地進行直播教學。因此，Jim 的拉丁語課和 Katie 的西班牙語課都出現在一、三、二、四的課表上。

課外學習時間是為了下一堂課做準備或者寫作業，學生之間也會利用這段時間進行團體學習或專題討論。

如果不進行課外學習，就不能參加我們的課程，所以 Jim 和 Katie 都把自習時間排進一天的行程當中。

此外，Jim 還學了空手道和小提琴，Katie 則學了芭蕾舞。尤其 Katie 的志向是成為一名芭蕾舞者，每天中午前就是她的練習時段。

學生要對各個科目及行程做出取捨，設計出自己的專屬課表，才能規畫出符合需求的學習計畫和生活計畫。

在學校裡大家作息一致的「固定」課表，是和「Design Your Learning」理念無法相容的傳統教育制度。

■ 放學後——在線上學校也能參加課外活動

我國中時參加柔道社，高中時參加了排球社。

剛上國中時，擔任柔道社顧問的班導看中了我胖呼呼的體格，立刻就招募我進柔道社。

雖然我全心全力投入柔道社的活動，但也免不了陷入青春期孩子常見的苦惱中，畢竟運動決定了國中生在學校受歡迎的程度。籃球和足球等運動給人一種受歡迎的鮮明印象，但說到柔道，除了又熱又累之外還有什麼呢？

而且，我長得不高，所以很羨慕長得高的人。我覺得只要做一些需要跳躍、追求空中高度的運動，自然就能長高。後來雖然隱約察覺到這個想法可能是種迷思，但仍然無法完全抹去內心淡淡的期待。

懷抱著這份青春期的憧憬，我在高中時轉到排球社去了。在排球選手之中，我的身高雖然比較矮，但我很努力做好一名舉球員的角色，在排球運動上奉獻了不少時間，不過最後還是沒有長高……。

課外活動是校園生活的重心之一，例如：社團活動、集訓、文化祭、運動會、學生會活動等等。放學後的時間很寶貴，大部分都拿來從事課外活動。

然而，史丹佛線上高中為了配合居住在全球各地的學生，將上課時間安排在美國西岸時間的清晨六點到晚上十點。

因此，正常上課的日子很難給學生「放學後」的時間。

當然，學生可以像 Jim 和 Katie 一樣選擇校外的課外活動。

但是，既然沒有「放學後」的時間，每個學生的課表也各有差異，學校的活動或其他的課外活動該怎麼辦呢？

答案是把學校的課表旋轉九十度來看。

普通學校的課表是每週一到五，從一大早開始上課，下午放學，然後在「放學後」展開社團等課外活動。

請把這份課表旋轉九十度後想像一下。

把普通學校每週一到五、上午到下午的上課時間分配到每週一到四去，原本下午的「放學後」時間便相當於星期五了。

前面我們看到 Jim 和 Katie 的課表中沒有星期五的課，原因就在這裡。

線上高中的星期五塞滿了社團活動、學生會活動、其他課外活動等等。每週五早上，學校會把當天的活動一覽表寄到全校師生的信箱裡，讓學生配合自己的行程安排線上課外活動。

為了配合學生的學習計畫，學科的課程延後一天上課，這麼做就可以把每天「放學後」的時間刪除，轉移到星期五一整天。

透過這種方式，教師們也可以利用星期五批改考卷，或者為下週備課，可說是一舉兩得的制度。

考試——為了評量學生而考試沒有意義

接下來，是大家提到線上高中時常有的疑問：「要怎麼舉行考試？」

學生要面臨期中考、期末考，上課時還經常有小考。

在線上考試，是否意謂著放任學生作弊？

無論如何，學生都會使用電腦和網路，他們可以在網路上搜尋答案，或者用社交軟體詢問朋友。

這些質疑一語中的，線上考試相當麻煩。

最近有不少公司提供「線上監考」的服務，但主要適用於大學考試或證照考試。

那麼，史丹佛線上高中採取什麼方式呢？

首先，我們設計的各科課程，會盡量讓學生撰寫報告、自由研究、依主題製作專案，充分利用考試以外的作業形式。

我們極力用考試以外的方式來評價每個學生，取消不必要的考試。

此外，更積極活用「open book」的方式進行考試。

「open book」顧名思義就是「可以看書」的考試。

學生考試時要看什麼都無所謂，只要在限定的時間內完成作答就行。

如果在網路上搜尋一下，或者看看教科書就能找到答案的話，這種考試很可能會助長死背硬記的填鴨式學習。

我們的考試，目的是給學生動腦的機會，讓他們活用學過的內容、發展自己的想法，進而解決新的問題。

但是要求學生做專題或自由研究、open book 考試，最令人擔心的一點便是學生從網站上「剽竊」別人撰寫的內容，即所謂的「抄襲」，或者是同學間互相抄寫答案。

這一類問題的解決方法，是開發出能檢測剽竊的軟體，用以檢索網站上或其他從前發表過的報告、其他學生已經提出的報告等。

儘管我們把這項新工具納入了學校的制度中，但最重要的還是在日常教育中耐心地引導學生，讓他們了解不能剽竊和作弊的理由，及其帶來的嚴重後果。

特別是在美國，引用文獻的習慣既詳細又嚴格，我們會以上課和資源中心為媒介，統整好一套方法協助學生。

如果非得要用一般考試來評量時，我們會讓學生登錄系統，選擇考試地點和監考員。

一旦錄取史丹佛線上高中，學生就會登錄幾個考試地點，可能是在當地的圖書館或大學、其他地點和補習班等教育機構，然後在自己的所在地尋找願意承包的監考員。

決定考試日期後，學生要自己預約監考員到登錄好的考試地點。

監考員會在考試當天下載校方寄過去的試題連結，為學生進行考試，考完後掃描答案，再上傳到指定的網站。

上傳的考卷會被寄送到教師的信箱裡，然後才計算成績。

由於整個過程實在太過繁瑣，所以我們已經盡可能取消傳統的考試。

確實，線上教育很難實施傳統的紙筆測驗，因此我們才不得不改變。

但更重要的一點是，為什麼我們必須要為學生施行考試？

在最能發揮考試原有效用的情況下，我們可以使用考試這種方法，除此之外就要選擇更恰當的方式來評量學生。基於這樣的教育方針，史丹佛線上高中才會做出變革，大量地取消傳統紙筆考試。

■排名與偏差值❷——與他人比較不是真正的學習

那麼，該怎麼為學生的專題或考試成績進行評量呢？

老師會從各個角度來為學生進行綜合性的評估，例如：主題報告、專題製作、定期作業，有考試就用考試成績，還會參考上課的出席率和態度、發問的品質等等，最後給出學期末的成績。

每一項作業的評量與學期末的成績，都是為了學生今後的學習鋪路。

教師的評量是為了讓學生了解自己的長處，找到需要改善的地方，繼而調整接下來的學習進度，而非拿來與他人競爭排名的工具。我們在前一章裡也討論過，考試不能拿來作為檢測自己實力的方式。

因此，目前學校主要的做法，是對每項作業或考試都給予大量的評量。學生不只能知道正確答案和分數，看見老師對作業所提出的種種反饋，更能具體掌握自

❷譯註：「偏差值」是日本獨有的計分方式，代表與平均分數的差距。偏差值的數值愈高，愈容易錄取較好的大學。

己的強項以及應改善的部分。

對學生的作業提出反饋是很重要的指導策略，這已經被設定為教師同仁們經常討論的重要議題之一。

教師們要具體了解自己的反饋和評價會帶給學生什麼樣的學習效果，才能以正確的態度給予評價。

近年來，美國的大學入學考試競爭日趨激烈，十幾歲的孩子罹患精神病或自殺的人數正快速攀升。

那些只會煽動學生們互相競爭的評量方式正在阻礙他們學習。

就這個觀點來看，史丹佛線上高中便完全不採用排名和偏差值的評量方式。

大家必須重新思考一件事——拿其他學生的學習狀態和自己比較，究竟能得到什麼樣的學習效果呢？

「還有人比我強，我要再加油！」

在一個充滿了考試戰爭的世界裡，能夠從排名和偏差值當中感受到幹勁而非壓力，這樣的學生或許是幸運的。

但是，我們身為教育者，不應該用煽動競爭的方式來提高學生的幹勁。

如果學生要與他人比較才能提起幹勁，那便無法培養持續學習的主動心態——「好想要學會這種技能！」「我應該要先知道這些知識的。」「這個我已經會了，接下來要專心學習棘手的部分。」

請留意，教師的評量方式會對學生未來的具體學習造成影響，我們必須徹底把成績當作輔助工具，以此協助學生學習。

我已經在前文中介紹了好幾個好幾種教育對策，告訴大家如何不執著於「傳統學校的固定模式」，創造學生需要的學習機會。

然而，光是重新審視過去的傳統，並不能產生良好的教育。我們把傳統教育模式擊碎後，究竟要打造出什麼來呢？

史丹佛線上高中即使完全採用線上教學，依然能擠進全美頂尖高中的行列，下一章就讓我們深入發掘箇中奧妙！

第 2 章

為什麼線上學校能做到全美第一？

從二〇〇〇年代後半開始，線上教育便蔚為潮流。

Massive Open Online Course（大規模開放線上課程）簡稱MOOC❸，點燃了線上教育的火炬。

知名教授的演講與教材，全世界任何人都能隨時隨地免費取得。

作為一種新型態的教育，MOOC受到了人們爆炸性的歡迎與關注，一下子就普及到世界各地。

在美國，哈佛大學、麻省理工學院（MIT）、史丹佛大學等知名大學也都製作了MOOC線上課程。

然而，這種新興的教育型態很快便被指出問題點，那便是學生的結業率低落。無論是大學生還是社會人士，結業率僅僅在百分之五到十五左右[24]。

---

❸ 譯註：台灣多稱為「磨課」，學習者需要於網路平台上註冊後才能參加課程，並透過作業與課堂考試和授課教師互動。全球三大MOOC網路平台包含史丹佛大學創建的Cousera、Udacity，以及由哈佛大學和麻省理工學院合作的edX。台灣各大學亦開設有MOOCs課程，相關線上學習資源可參閱https://taiwanmooc.org/ MOOCs磨課師課程網站。

ＭＯＯＣ的演講影片和教材都很棒，但卻不能完全取代實體教學和學校活動，換言之，那只是一種新型態的「教材」，沒辦法提供完整教育所需的綜合性協助。

於是，二〇〇〇年以來所爆發的線上教育熱潮，從對ＭＯＯＣ的過大期待轉往較為務實的方向發展，其中便誕生出像史丹佛線上高中這樣有別於ＭＯＯＣ的線上教育模式。

但由於一直以來深受大眾矚目的關係，人們一提到線上教育，腦海中便浮現出關於ＭＯＯＣ的印象。

因此，一聽到「線上高中」這個詞，很自然會聯想到是將ＭＯＯＣ的教學方式套用到國、高中教育。

就連對史丹佛線上高中感興趣的學生和家長，也難免抱持懷疑的態度。

「線上教學會分散學生的注意力，無法好好集中精神。」
「老師和學生之間沒有實際互動，不會孤立無援嗎？」
「我擔心學生不能培養社交能力。」
「線上學校有辦法交到朋友嗎？能和老師溝通對話嗎？」

學校每天都會收到這一類的不安與疑問。

在線上的虛擬空間裡打造一所超越實體世界的學校，這是我的心願。我的理想並不是「模仿」實體世界的學校，而是「超越」實體的學校，這只有在虛擬空間裡才能夠達成。

因此，第一優先要務便是建立學校的社群以及對學生的支援體系。我們已經發展出一個超越傳統學校的全球學習社群。

在線上教育和教育科技的聖地矽谷，我們克服了一道道難關，打進歷史悠久的教育界中。

為什麼一所線上學校能擊敗傳統學校，成為全美頂尖的學府呢？我會在本章裡向各位澈底解說其中的祕密。

全球首創的線上「翻轉教室」

低結業率不僅是開頭提及 M O O C 所面臨的難題，這個問題在線上教育裡也常被提出討論。

舉例來說，美國的 Charter School（特許學校）是民間團體利用政府資金經營的學校，深受大眾關注。近年來，利用網路上課的 Charter School 快速增加，但其中超過半數的學校，高中生留級的比率卻高達百分之五十以上[25]。

此外，因為 COVID-19 的影響，從實體轉換至線上教學的學校所面臨的大問題，就是學生們不出席線上課堂[26]。

然而，上述這些「失敗」並不代表線上教育的失敗。

結業率、畢業率、出席率的低落不能歸咎於線上教育，不懂得使用線上教育這項工具才是其中的癥結點。

比方說，在線上的環境下，第 1 章提到的「教師授課」方式便使低結業率和低出席率的情況更形惡化。

線上教學意味著學生總是在電腦螢幕前連線上課，這就表示他們經常要面臨其他影片和網站的誘惑。

而且，就算學生上課滑手機、打瞌睡，也沒有老師或同學在周圍提醒他們。即便登錄了線上課程，只要他們想翹課，也可以毫無節制地翹課下去。

另一方面，對老師而言，在線上教學的環境下，會比平時更難掌握學生的專心程度，因而不能即時調整課程進度，錯失適當喚起學生注意力的機會。

教師授課的方式有較高的學習門檻，原本就容易讓學生處於被動立場，而線上教學的環境更加強突顯出這個特點。

換言之，教師授課搭配線上教學可說是非常糟糕的組合。

既然如此，若我們不用教師授課，改以其他促進學生積極參與課堂的方法，便是個理想的做法。

因此，史丹佛線上高中採用了小班制的「翻轉教室」。

線上高中的每一堂直播課平均只有十二名學生參與。

學生必須做課前預習，在上課之前透過課程影片或主題閱讀先學習當天的授課教材。

上課時，在學生已預習的前提下進行課堂討論或實際演練，包括分組進行專題製作等等，學生之間的互動就會變得相當熱烈。

由於我們要求所有的學生都必須積極參與課堂互動，因此儘管是線上教學，還是能防止學生像在教師授課時那樣處於被動的局面。

此外，這種講座課程經過刻意設計，使得學生如果沒有事先預習授課內容，在課堂上就無法有好的表現。

即便學生想偷懶不進行預習，也會因為無法參與小班制的分組上課而使自己顯得格格不入，這給了他們事先預習的動機，以免自己面臨這種窘境。

在翻轉教室的直播講座課程中指導學生主動參與課堂活動，正是解決「沒有時間地點限制」的線上教育以往所有問題的關鍵，因此我們在創建線上學校時，便把「翻轉教室」置於核心位置。

當初，我們也接受不參與講座課的學生入學，但在學校運作的頭幾年便取消這項措施，之後所有入學的學生都有義務參加講座課程。

若不參加翻轉教室的講座課程，就不能說自己在史丹佛線上高中上過課。

■ 彈性課表和參與型講座課程的雙贏技巧

我們引進了參與型的直播講座課程，與主流的線上教育保持距離，或許聽起來還不錯，但在某種程度上，也可能正面否定了線上教育的優點。

有沒有辦法不要完全捨棄線上教育「沒有時間地點限制」的優點，使其與直播講座課程適度共存呢？

線上高中的教育目的，是聚集全球各地的學生，在「Design Your Learning」的理念下，讓每個學生都有機會追求適合自身的學習方式。

學生居住的地方不同，學習計畫也不同，同時我們也更加看重學生的課外活動。在這樣的環境裡，學習課表必須保持彈性。

那麼，在課表保持彈性的狀態下，學生是否能上參與型的直播課呢？

想要把這兩種特性合為一體，「翻轉教室」就是最佳解方！

線上高中的正式學生平均每天花兩小時半的時間上直播課，他們會在固定的時間出席課堂。

上課以外的其他時間則用來做翻轉教室的課外學習，也可以為下一堂直播課做準備，或者做其他課外活動及安排自己的計畫。

將直播課和課外學習做適度的搭配，就能讓學生依照自己的學習計畫和其他活動，量身打造出一套彈性課表。

如此一來，便成功使參與型直播講座和「沒有時間地點限制」的線上教育適度地結合在一起了。

透過講座上有意義的課室活動，使得學生們頻繁地互動，進而形成一個又一個的學習社群。

翻轉教室的直播講座課程，擔負著建構學校社群最重要的功能。

■擴展孩子才能的「資優生教育」有何祕密？

接下來，就讓我向各位介紹一下，史丹佛線上高中裡實際參與講座課程的學生們是什麼模樣吧！

史丹佛線上高中每年都有八百到九百個孩子就讀，他們的目標與需求非常多樣化。

舉凡遭遇以下情況的學生，像是：想上美國頂尖高中、將來想去美國讀大學、因為家人工作的關係而暫時離開美國、因活躍於運動或表演工作，必須來回於世界各地、因為生病或肢體障礙而無法就讀普通學校，只能待在家裡或治療機構自學、希望接受大學以上的高等教育等等。

在這些學生當中，有許多孩子被稱為「資優生」（gifted）。

英語的「gift」翻譯成中文的意思除了「禮物」、「贈品」之外，還有「天賦」的意思，這正是上天賦予的「禮物」。就這個意思而言，只要擁有某項天賦或者能力出眾的孩子，便可以被稱為「資優生」（gifted）。

與教育相關的美國聯邦法規中，對「資優生」一詞的定義如下：

在知識、藝術、領導能力等特定領域中，被公認為具有高度達成力，為了充分發展該能力，需要高於平均水平的學校提供支援的兒童。

為了資優生而設計的教育便稱為「資優生教育」[27]。

線上高中所在的史丹佛大學，長年來便引領著美國的資優生教育。

在一九九〇年代前期，史丹佛大學的名譽教授派屈克・蘇佩斯（Patrick Colonel Suppes）便設立了相關的教育計畫，目的在於協助資優生進行適合的學習。這項計畫名為「Educational Program for Gifted Youth」（EPGY），如同字面上的意思，是為了資優兒童（gifted youth）而推行的教育計畫，相當受大家的歡迎。

作為這項計畫的一部分，史丹佛線上高中於二〇〇六年成立，當初的校名是「EPGY Online High School」，直到EPGY計畫結束，在二〇一〇年之後才改為現在的校名。

由當初建校的歷史來看，幫助資優兒童學習至今仍是史丹佛線上高中的任務之一。

資優生教育大體上有兩個目的：一是打造一個能讓資優學童擴展才能的學習環境。

即便孩子本身有才能，若沒有適當的環境支持也不會開花結果，這和運動選手沒有經過適當的訓練就無法發揮潛力的道理一樣。

另一個目的則是理解資優學童的固有問題，並提供必要的協助。有才能的孩子們，很容易因為這些才能而面臨某些問題。

例如：一般的課程太簡單了，因此在班上心不在焉；抑或是他們的想法較為獨特，其他的孩子無法理解；有些人則執著自己的想法和做法，無法和其他學生融洽相處。

由於他們較難適應普通的學校環境，因此可能會產生精神方面的問題。

還有些孩子雖然在某些特定領域具有才能，卻伴隨著精神疾病或學習障礙，我們稱為「雙重特殊學生」又稱作「學障資優生」，英文是「Twice exceptional」，簡稱「2e」。

為了讓這些孩子在應對資優生獨有的問題，同時還能好好學習，我認為提供必要的協助也是資優生教育的主要課題之一。

我們在方方面面提供必要的協助，最大限度地引導每一個學生的潛能，使其不受高中的框架限制。

史丹佛線上高中為學生提供了大學等級的教育計畫，具有很強的學術性，輔以「Design

Your Learning」的精神，與資優生教育的主要目的有著強烈的共鳴，這就是吸引眾多資優生來此就讀的原因。

但是必須十分注意一點，「資優生」只不過是依據一定的基準而判定的「標籤」罷了。當然，貼上了這樣的「標籤」就表示學生有需求，為了滿足學生的需求才會產生「資優生教育」，這事本身就很有意義。

不過，本書在第4章中將討論到，散見於教育制度中的「貼標籤」行為會給學生的學習帶來不良影響，這點是我們必須慎重思考的課題。

■熱心教育的博士們會將熱情與幹勁感染給你

全球各地才華洋溢的孩子們，都在史丹佛高中的線上講座課齊聚一堂，而教授線上課程的老師都是些什麼樣的人呢？

線上高中的任務，是將那些對知識充滿熱情的學生和老師串連在一起，創造一個全球化的社群。

要讓孩子對事物燃起熊熊熱情，對求知懷抱興趣，這種特質無法靠講道理就教得出來。當然，若要透過有意義的知識體驗，讓孩子內心湧現出對學習的渴望，那麼事先準備好優質的教學計畫便相當重要。但是，光這麼做還不夠。

熱情是從被周圍環境「感染」而來的。既然如此，我們能不能打造一個充滿求知熱情的環境，讓孩子和身邊的人互相感染這份熱情呢？

我們從全球各地將有熱情與才能的學生們集結在一起，學生之間彼此互相影響、激發學習動力，開墾出一大片富含「熱情感染反應」的土壤。

此時，擔當「感染反應」觸媒的就是身負重任的教師們。

史丹佛線上高中的教師，都是一群「熱心教育的學者」，其中七成是在各領域擁有博士學位的專家，多數曾在大學任教或從事過研究工作。

比方說，我自己就在史丹佛大學教過邏輯學，也做過學術研究。其他還有來自ＭＩＴ或哈佛大學等名校，在世界首屈一指的大學取得博士學位的教師們都聚集在這裡。

這些「學者型」教師們之所以在此聚集，從史丹佛線上高中以大學等級的進階課程為亮點這個目的來看，是極其自然的選擇。

不過，我們需要「學者型」教師的最大理由，在於「熱情感染反應」。

大家想想看，為什麼這些人在ＭＩＴ取得數學博士學位後，會想從事研究或教學工作？

他們明明就可以在有名的ＩＴ公司擔任工程師，拿到的薪資或待遇很可能比當老師多出數倍。

但他們卻選擇做研究或教育，這是因為他們對自身所學的專業領域有很強烈的想法跟熱忱。雖然經濟考量也很重要，卻未必符合他們自己的本性。他們希冀在感興趣的領域裡自由自在地思考，找出屬於自己的答案，不管是否出類拔萃，他們都只想做這一件事。

他們將人生奉獻給自己的專業領域，這份熱情和追求學問的純粹態度，若有機會體驗到，對孩子來說將成為莫大的財富。

不過，儘管他們對學問燃燒了熱情，卻不曉得是否也能對教學燃起熱情，這一點比較難分辨，至於教學技巧的優劣則是另一回事了。

有些學者很了不起，他們不進行任何教學，而是將學生擺在「對手」或「同事」的位置，一心想著與其切磋琢磨。在現實情況中，也有不少教授乾脆橫下心來：「學生又不是小孩子，哪需要我手把手的教學，自己學就行了！」。

儘管如此，我們還是能選出有本事的「學者型」教師，而這全都仰賴線上作業的優勢。普通學校必須從當地選拔教師，可以選擇的絕對數量便受到了限制，但線上學校不受空間限制，可以從全美各地聘請合適的教師。

換句話說，線上高中裡那些對知識燃燒著熱情的學生與教師所組成的全球化社群，是因為線上教學模式才得以存在。

我們聚集了全球最棒的人才，把學生和老師做最完美的搭配。我們的目的並不是讓人們隨時隨地取得線上教材，而是將人與人直接串連起來，打造一個高密度的知識性社群，這才是史丹佛線上高中的任務。

■打造一個充滿活力的線上校園有何祕訣？

我們在網路上串連熱心的學生與教師，使其感染彼此對知識的熱情，但光這麼做還無法打造出一個活力充沛的校園。要在線上建構一座真正的校園並沒有那麼簡單。

比方說，線上高中的學生不可能在下課時間和班上同學出去玩，也不可能在走廊上偶遇聊天，就連社團或學生會等課外活動，也和面對面的課外活動有明顯差別。

傳統學校的設計，有效活用了人與人共享同一個物理空間的優勢。例如學生們經常在走廊上談笑，由此滋生出友情；隨意觀看班上的活動便能自然融入同學之中……諸如此類的情況隨處可見。

線上學校的環境沒有條件利用這種「面對面的力量」。

因此，我們採取的策略是活用講座課程，講座課程是線上校園的基礎，每一班都由少量的人積極參與。

史丹佛線上高中的課堂是精心設計過的空間，學生們能在這裡分享共同的興趣與學習需求、傾注學習熱忱。由於我們支持這樣的場所，使學生們很容易在上課時產生緊密的關係。

實體學校由於能夠利用「面對面的力量」，便經常透過課外活動作為學校社群的基礎。無論是社團活動或學校的各種典禮，都能讓學生培養豐富的人際關係，創造出良好的學習環境和社群，這些條件運用在課堂上將有效地幫助學生學習。

線上高中的做法卻和這種思惟背道而馳，是以課堂為起點，進而打造出校園。

但是，若只利用上課時間，仍然無法給予學生充分溝通的機會。

一想到線上學習，人們不知不覺就會把焦點放在教材和教學內容上，但有意識地運用課外時間也是非常重要。

學生上課所花費的時間，僅佔全體學生學習時間的一小部分。

更重要的是，如何藉由分組學習或專題製作等有意義的學習活動，在課外時間將彼此串連起來。

要創造這樣的環境，可以活用通訊工具建立起一套系統，讓學生在課餘時間也能輕鬆聯繫，並為學生準備好每一門課的聊天群組。

無論是要和同學討論上課的內容，使學習更加深入，或者分組研究課題，依課堂為單位加入群組聊天都是有效的做法。

當然，即便我們沒有為學生準備聊天群組，學生之間也能自發性的利用通訊軟體互相連繫，但在線上教學的環境下，若順其自然而不做其他努力，很難讓學生產生緊密的連結，這就是現實。

因此，比起一般面對面的傳統校園，線上高中更需要為學生刻意營造一個讓他們能夠互相溝通的空間。

在我們的特意打造下，終於有了令人滿意的線上社群。史丹佛線上高中的學生們都擁有強烈的同儕精神，令我深以為榮。

線上學校會不會讓學生孤立無援？學生能交到朋友嗎？

這一類的疑問和擔憂暫且不提，事實上學生們異口同聲地告訴我，他們來這裡上學後交到了真正的知識之友，換句話說就是找到了學習旅途上的同伴。

這些孩子在以前的學校裡，都找不到和自己擁有共同興趣及思想深度的朋友。

在史丹佛線上高中，孩子們可以透過活潑的課堂群組互動，從真正意義上結交到對知識同樣擁有好奇心的朋友。

■世界上唯一的終極全球化教室

史丹佛線上高中的社群還有更進一步的優勢，即全球化的學習環境。

每年都有超過三十個國家以及來自全美各州的學生就讀線上高中。

學生們透過一起就讀的同儕，可以直接碰觸到不同的文化與價值觀，不但培養出全球化的觀點，也學會了跨文化交流所需的技巧。

一提到全球各地的學生所組成的學校，大家便想到國際學校、寄宿學校等等，但史丹佛線上高中的學生卻能待在各自的國家或地區上課。

學生們在原居地參加線上學校，便產生了相當獨特的交流與學習機會。

例如：美國總統大選，每一個州、每一個地區的政治傾向都不一樣，海外各國的觀點也各有差異，理解這一點之後，學生就會在課堂上討論各州、各地區、各國的反應，這是本校的政治經濟課常見的景象。

唯有線上學習才能夠創造出這種全球化教室，學生得以共享彼此不同的體驗，擁有更濃烈的真實感，並有機會多面向地看待事物。

此外，學生每天都在各自的居住地一起上線求學，即使沒有刻意去討論國際新聞，學生的腦海中依然能保有全球化的觀點。

學生上課時的發言或閒聊，自然而然會帶出本身所處的地區和文化，因此在每日的生活中都會意識到其他同學住在不同國家。

學生在學習的過程中，時時刻刻真實的感受到每個人生活在不同的國家、不同的文化中並擁有不同的思考方式，因此看待事物時，心態上便能養成多元價值觀的思考習慣，如此一來，一個終極的全球化教室便由此實現。

線上教學的學生顧問多達傳統學校的三倍

雖然線上高中實現了互動活潑的校園社群，但學生還是要花一段時間適應這樣的環境。多數的學生習慣了傳統教室面對面上課的方式，剛開始接觸線上課程依舊時常會感到孤單。

教師們在線上的環境裡，事實上也會比傳統的學校班級更難掌握學生的課外活動。此外，孩子們為了在線上的新環境順利上課，也必須具備各種能力，例如：在家使用網路學習時，要比平常更主動管理自己的行程。

而且，孩子們正處於青春期階段，心理健康的關照當然也是非常重要的課題。換句話說，正因為是線上教學，我們對學生提供的課外指導和協助必須比傳統學校來得更多更廣。如果不這麼做，就不可能在線上打造一所真正意義上的學校。

在美國，多數學校都設立了指導學生的顧問制度，這些顧問負責為學生提供心理諮商、學習技巧協助、升學就業指導等等。

每一個學生由一位顧問輔導，基本上涵蓋了課外所需的種種協助。

線上高中把傳統學校常見的顧問工作一分為三，每一個學生由三位顧問輔導。一位顧問輔導學生的心理健康狀態，另一位協助擬定學習計畫或訓練讀書技巧，最後一位則是指導學生如何考進大學的升學顧問。

由於輔導學生的教職員數量多於普通學校，因此能夠從更多層面提供學生多元的協助。指導學生的顧問制度能支援師生之間的社群運作，在線上教學的環境裡顯得尤其重要。

日本和美國的大學入學考試有何差異？

就像這樣，學生在我們精心的指導與協助下，得以規畫自己的學習生活，使求學與課外活動兩者間取得適當的平衡。

其重要性當然也會影響學生是否能順利升上大學。

負責協助學生接受大學入學測驗的人員，便是前述的升學顧問。

美國的升學顧問，和日語所說的升大學輔導老師有很大的區別。讓我把美國和日本的入學測驗對照比較，向各位說明這一點。

首先，日本的大學考試是學生直接向大學兜售自己這個商品，可以說是一種「自我推銷」的方式。

學生若能在大考時拿到高分，或者國、高中時在校成績優異，便有許多大學可供選擇。只要分數夠高，就可以自己把自己「出售給」喜歡的大學，也就是所謂的「自我推銷」。

但是，在美國卻必須由各個高中把學生「推銷給」大學。

美國的入學考試，主要採用書面審查的方法，而非偏重在校成績或大考分數，像日本這樣由每個大學舉辦入學考試的情況極為少見。

書面審查不光要看高中的在校成績和共同考試成績，還包括：申請論文、課外活動、申請動機、推薦信等等，全部加在一起做綜合評估。

換言之，若是希望進入美國的頂尖大學，光是重視成績和考試高分的「用功型」學生是很難辦到的。

你有什麼樣的成長歷程？你是一個有趣的人嗎？你能給予大學或社會什麼樣的貢獻？你的個人特質是否適合該大學的特色或文化？未來還有多少成長空間？

學生必須巧妙展現出自己的人格特質和過去的活動經歷，然後由升學顧問提供協助，把學生推薦給大學，這是升學顧問很重要的一項職責。

此外，以書面審查為主的入學方式沒有入學考試，因此學生從前就讀的學校便成了最重要的審核指標之一。即便學生每一科的成績都是最高分，若原本就讀的學校本身教育水準不夠高，就算成績再好也沒有意義。

每一所高中都很清楚這一點，所以會投入資源讓大學更深入了解自己的學校。

「我們是一所非常棒的學校，就讀本校的優秀學生想要申請貴大學！」

當高中向大學兜售自己的學生時，也是在兜售這些學生就讀的高中，而這正是升學顧問的另一項重要職責。

若只像日本一樣提高考試成績的「自我推銷」，終究得不到什麼好結果，這便是美國升學考試的特色。

■考上哈佛大學、史丹佛大學的必要條件

身為一名美國的高中校長，人們經常問我，該怎麼做才能讓學生考上美國的大學名校？我總是回答：「當然要靠大學升學顧問啦！」

在日本，學生仰賴老師的指導決定未來的出路，在日本重視考試和成績的入學模式中，

老師或許能提供恰當的協助。

但如果要成為一位美國高中名校所需要的「菁英級」升學顧問，就得先取得教育博士的學位，然後在大學的入學辦公室裡工作過一段時間，這才算是具備相對應的條件。有了這樣的學歷跟職場經歷，才能理解一所好大學的評價角度，從旁協助學生和學校。在學生專心準備英語的入學測驗之前，必須先請大學升學顧問提供完善的協助跟指導，這是成功進入美國頂尖大學不可或缺的關鍵。

因此，史丹佛線上高中打從一開始就非常重視大學升學顧問，由於大家對線上教育抱持著懷疑的眼光，因此當初大學方面很難理解我們的做法，於是我們的升學顧問各個使出渾身解術，向眾多大學們解釋我們的優勢與用心。

然而，隨著優秀的畢業生們進入各大學，留下斐然的成果後，大學方面也逐漸理解我們的策略。

來自世界各地的資優學生與學者型教師，都集合在這個翻轉教室的課堂裡，互相感染對知識的熱情，全球化的教室以及學校給學生的強大後援，形成了當前的校園社群。

史丹佛線上高中是世界上第一所在網路上創造出真正校園社群的學校。

那麼，在這個線上空間裡，學生可以學到什麼呢？

全球首屈一指的史丹佛大學究竟打造了什麼樣的線上高中呢？下一章我將完全公開本校的教育計畫！

第3章

史丹佛大學教導學生擁有「生存毅力」

史丹佛線上高中的使命，是為學生與教師創建出多元且充滿求知熱情的全球化學習社群，學生們對活潑的講座型教學與嚴格的課程提出挑戰，藉此學會邏輯分析能力、創造性思考以及批判性的論述能力。

除了上課以外，同學之間互動頻繁的課外活動，不但能構築學生及教師的持續性關係，在學校的強大後援下，更能培養學生的獨立性與堅強的個性，並養成終身學習的探究精神。

以上是史丹佛線上高中的創校理念「mission statement」（使命宣言）前半段翻譯。文章中可見「社群」、「講座」，學生的「獨立性」、「個性」等字眼，明確記載了由「Design Your Learning」理念開展出的教育改革和社群重要性的精神。

這段「使命宣言」還有後續。為了讓線上高中保持「全球獨一無二」的地位，我把其基本精神做了條列式整理。

辦一所獨一無二的學校：

- 史丹佛線上高中的力量泉源便是最珍貴的學生與教師。
- 這是一所給資優學生、孜孜不倦的學生、活躍於課外活動的學生就讀的學校。
- 本校集合了一群在專業領域中表現出色，且對線上教學懷抱熱忱的教師。
- 本校隸屬於史丹佛大學，故而走在教育前端。透過學生、教師、史丹佛大學三者的結合，使得史丹佛線上高中成為獨一無二的學校。

關於基本精神所聚焦的學生與教師這兩大部分，我們已經在前面討論過了，本章會把重點擺在最後一項——「本校隸屬於史丹佛大學，故而走在教育前端」。

唯有史丹佛大學才能實現的教育計畫，究竟是什麼樣子呢？

博雅教育和 STEM 教育的頂級綜合體

跨領域的交流自然就會帶來全新的變革，繼而解決社會上的大問題，這種思惟可說是史丹佛大學的傳統精神之一[28]。

史丹佛大學的校園裡設有十八個研究機關，在各方面進行跨領域研究，包括將健康長壽、腦科學、醫學的基礎研究加以實用化的轉譯研究❹，還有經濟政策、國際關係、行為科學等等，橫跨理科到文科，校園裡設置了各式各樣協助跨領域研究的機關。

人們一旦在某個領域裡閉門造車，就會執著於該領域的固有看法，若應用其他領域的觀點，便更有可能產生突破性的進展。

跨領域研究與多領域合作，正是史丹佛大學產生新變革的一部分原動力。

史丹佛線上高中繼承了這份精神，特意在各方面為學生創造跨領域學習的機會。

比方說，我在後面的段落會詳細說明的哲學必修課，其實是以哲學為基底，同時結合各種不同的科學領域或法律、政治學等元素，形成的一門跨領域學科。

其他像是由生物學博士及文學博士共同教授的「生物性別與社會性別」相關課程，何謂生物學上的「性別」？從人文觀點看見的社會性別又是什麼樣的概念？與此同時，課堂上也導入社會學的角度，與學生討論現代社會的許多重要議題。

❹ 譯註：轉譯研究（Translational Reserch）為近代生物醫學的新名詞，意指將實驗室的研究成果應用在人體研究或臨床測試上，多聚焦於基礎科學的實際應用，並可能涉及多個學科領域。

此外，理科方面則排滿了STEM課程。

STEM取自Science（科學）、Technology（科技）、Engineering（工程）、Mathematics（數學）四個英文單字開頭字母所組成的縮寫，代表融合了這些領域的綜合學習課程。

例如：在生物、化學、物理等科目，學生要應用其他學科知識來做專題研究，我們還規畫了跨領域學科，像是結合熱能與能源議題的主題課程、環境科學等等。

數學方面，學科的設計上也涵蓋了跨領域的知識和專題，如經濟學、統計學甚至電腦科學等等。

由於課程本身有很高的價值，如前所述，史丹佛線上高中在全美STEM教學中榮獲第三名的殊榮。

作為一所沒有實驗室也沒有校外教學的線上學校，能獲得如此高的評價實屬奇蹟，令人感到無比振奮。

這份成果是學校的榮耀，一直以來都是我和家長們津津樂道的話題。

在和家長們的對話中，我總是很感慨。

對比ＳＴＥＭ課程的高調，高中階段既沒有Humanities（人文學科）的排名，也不受世人的重視，這點令人感到非常遺憾。

史丹佛線上高中雖然以ＳＴＥＭ課程聞名，但我們真正的強項其實是Humanities。如果有全美乃至於全球高中的Humanities評比，史丹佛線上高中無疑將榮登世界第一的寶座。

我們把實力堅強的Humanities和ＳＴＥＭ課程加以融合，培養出許多未來的科學家和人文學者，他們的思考不會侷限在單一領域，更有能力改變既有的遊戲規則。

這就是史丹佛線上高中的課程之所以強大之處。

跨領域課程融合了人文和科學，讓學生們依照自己的計畫主動學習。

博雅教育的精神實實在在地貫穿了史丹佛線上高中的教育中樞。

用哲學教導學生改變遊戲規則

史丹佛線上高中的核心課程，便是以哲學為基礎的必修課。

我們的畢業生就讀高中時，每個年級都要修習一整年的哲學必修課程。在國、高中的中等教育階段就把哲學列為必修課，是非常獨特的做法，因此全美對此都相當關注。

參加ＩＢ學程（International Baccalaureate）[5]的某些國、高中學校，也會將哲學課納入核心課程。

美國和日本一樣，一般而言學生進入大學後，才有機會開始正式學習哲學。

事實上，我當初之所以會對史丹佛線上高中的起步計畫感興趣，也是因為這裡打從一開始就是以哲學作為基礎，為高中生設計必修課程。

---

[5] 譯註：International Baccalaureate 譯為「國際文憑」，為一種獨立學制，重視全人發展，目標在培養學生面對未來的能力，目前全球已有超過五千所認證學校，涵蓋小學到高中，畢業生受到歐美頂尖大學肯定。台灣目前有十三所ＩＢ學校。

然而，哲學的珍貴價值遠遠不止於此，正因為是中等教育，才更應該先把哲學確實存入腦海中。

在中等教育階段，學生們會修習各種科目，接觸到各領域的知識。

無論是哪一種知識，背後必然有其世界觀和背景框架作為前提，如果沒有相關背景，就不可能建立起相應的理論和見解。

學生們在各個科目中接觸到各領域的專業知識，就會把相應的世界觀和背景框架併入自己的世界觀與思想中，日益堅固。

換句話說，隨著學生不斷的學習，學會愈來愈多的專業知識，就愈會被其背後的價值觀和框架束縛住。

另一方面，由於技術革新和全球化的發展，社會的結構及共同認知的價值觀瞬息萬變，我們必須有能力跳出自己當前的世界觀，去理解其他的價值觀。

哲學的核心，在於重新懷疑事物的本質及其前提背景，然後加以考證。

當你對哲學愈熟悉，就愈有能力從固有的觀點及思考框架中解放出來，在急速變化的社會中摸索出自我的價值觀，而不產生一絲動搖。

中等教育是教導孩子深入學習的起點，正因如此，才有必要開始培養孩子的「哲學力」，使他們的思想更有彈性。

而能夠在現今已成定局的框架中活得快樂，也就是在既有的社會遊戲中當個熟練的玩家，巧妙操控整場遊戲，也是非常重要的能力。

但是，在無法預測、變化迅速的現代社會中，我們需要的是「生存毅力」，其關鍵在於適應新遊戲以及改變既有遊戲的能力，如此才能創造出新的遊戲規則。

史丹佛線上高中的哲學必修課，讓孩子以哲學的眼光，回頭檢視事物背後的意義及其根本價值觀，培養出超越既有框架的思考力。

■全美罕見的哲學必修課程

我在這裡重點介紹一下史丹佛線上高中的哲學必修課內容。

首先是第一學期，也就是九年級（國三）的哲學必修課程，學生們要同時學習統計學和生物學，並以哲學的思惟來探討科學的方法論，屬於跨領域學科。

統計學方面包括：相關、迴歸、機率分布，涵蓋了許多能應用於科學上的統計基礎知識。生物學則以野外生物學和遺傳學為主要學習內容。

科學上的發現、假設、證明，這整個過程如何產生？何謂符合數據的科學理論？如何證明科學理論？

我們透過實驗和田野調查，讓學生親身體驗如何證明科學理論。

十年級（高一）的哲學必修課程以科學史和科學哲學為主題。

我們從物理學、化學、數學、電腦科學等眾多的科學領域中，嚴選出科學史上的重要事件，讓學生澈底深入探究，了解科學發展的來龍去脈。以下便列舉出學生實際學習的實例。

- 自古希臘時代便證實地球是圓的，請問人們透過哪些觀察、理論、討論來證明這一點呢？
- 化學元素週期表是門得列夫發明的嗎？其實另有其他科學家提出過週期表，為何主流上獨尊門得列夫呢？
- 萬有引力定理「F=GMm/r2」是如何計算出來的呢？牛頓竟然能從樹上落下的蘋果看

見了整個星空！而科學數據的誤差、近似值、模型又如何產生生呢？

- 光是一種波嗎？在一八八七年，著名的邁克生－莫雷實驗（Michelson–Morley experiment）「失敗」，澈底否定「乙太」的存在，這是過往科學上假設光傳播所需的介質，這個「失敗」反而為愛因斯坦提出「狹義相對論」奠定了基礎。當某個科學假設被推翻時，就會出現更多的可能性理論。

人們如何證明科學理論？何謂科學性思考和科學性判斷？在科學的進程中，涉及到哪些社會學的因素？

十一年級（高二）沒有科學課程，改而學習民主主義、自由、法治等概念，這些是哲學與政治理論的基礎課程。

何謂民主主義？自由與法治兩者間有什麼關係？社會、公民權利與義務建立在什麼樣的概念上？

學生們將廣泛涉獵主要的政治哲學家和思想家的著作，諸如：霍布斯、洛克、盧梭、孟德斯鳩、伯克、托克維爾、杜威、彌爾、羅爾斯、桑德爾等等。

此外，在這門課裡，學生們還會實際解讀憲法訴訟的判決書及政治家的演講，真實體驗到現代社會的架構及運作是建立在什麼樣的哲學背景上。

十二年級（高三）時，學生正式直接學習哲學課程。學生會接觸到認識論、形而上學、倫理學等哲學的核心主題和相關文獻，其目的是培養孩子具備批判性思考的能力。

學生會在課程中廣泛閱讀從古希臘到中世紀、近代，乃至於現代哲學家的著作，並接觸到各式各樣的哲學問題，在課程的安排上，這一年裡將大量學習大學哲學的入門課程。

如前所述，有非常多學生是為了追求美國頂尖的STEM教育，而申請進入史丹佛線上高中。

這些學生會學習到高階科學與數學，同時也會學習哲學。經常有人從原本喜歡的STEM跳槽到哲學去。

關於這種現象，學生會對父母這麼說：「很抱歉，我不要學STEM了，我喜歡哲學，將來要當個哲學家。」

就未來收入和職缺的數量來看，想要以哲學安身立命是非常困難的事。很多父母希望孩子深入學習STEM，之後從事工程師或軟體程式設計師等受歡迎的行業，這樣的心情我們不難理解。

■ 精神強健的孩子成長得好——保健課程

史丹佛線上高中的「生存毅力」訓練計畫中還有一個亮點，那便是「保健計畫」。

「保健」（Wellness）一詞是由表示「良好狀態」的「Well-being」，以及表示身體健康的「fitness」兩個字組合而成的概念。

根據美國國家保健協會（National Wellness Institute, NWI）的定義，這個字涵蓋了精神、身體、社會性、知性、感情、職業等範圍，意指我們人類處於整體良好的狀態下，內心感到滿足[29]。

有些人儘管身體健康，卻可能對未來的人生感到不安；儘管擁有良好的人際關係，卻可能因為長年疾病而感到痛苦；儘管身體健康，朋友眾多，卻可能因為失業而面臨經濟上的不穩定。

要判斷我們是否真正達到了Well的狀態，當然會牽涉到我們的身心狀態，也和許多對人類而言相當重要的事情有很大的關係。

現在，「保健」的概念在美國大受矚目，不管是醫療、學校、商業場合等各領域都會運用到這種思惟。

史丹佛線上高中也在二〇〇〇年代後期導入保健計畫，並冠以「Bewell」之名受到大家喜愛，許多大學的教職員也都對此善加利用。

我自己也有十年以上得益於這項計畫。

今年的計畫概要如下：

1. **自我評價：**回答健康、精神面、生活型態等相關問題，回顧自己的保健狀態，完成後可以拿到史丹佛的健身課折扣。
2. **保健檔案：**透過健康檢查以及諮詢保健教練，詳細了解自己的情況，進而設立保健目標及計畫，完成後可以得到兩百美元。

3. **保健活動：**實踐自己的保健計畫，參加與健康有關的工作坊或健身課程，也可以和自己辦公室裡的同事一起舉辦保健活動，完成後可以得到兩百六十美元。

4. **莓果計畫：**每完成一項保健行動，就可以得到一顆「莓果」，拿到六顆莓果就能獲得一百美元。

如各位所見，計畫的每一個步驟都伴隨著金錢獎勵。

這樣的設計是為了增加教職員參加保健計畫的誘因，讓職員們擁有健康幸福的生活，減少離職人數，並提高職場上的產能。

而且，我們實施的保健計畫也和美國的健保現況有關，美國不像日本有全民健保制度，每個人都必須投保自己的健康保險。

因此，公司的福利通常會包含員工的健康保險，如果員工經常生病，公司支付的保險費用就會提高，這對公司來說會是一大負擔。

換句話說，我們的保健計畫支付教職員獎金，看似增加了經費，但職員們的身心健康降低了保險費用，這樣一來整體上反倒減少了公司的支出。

姑且不論金錢獎勵，「保健」這個概念，原本就不僅止於公司適用，在教學現場也相當普及。

即便是學生，也面臨著比過去更嚴峻的社會現實。例如：未成年人罹患憂鬱症比例增加、自殺率上升，還有大學入學考試或人際關係、健康管理、壓力問題等種種煩惱。不光日本和美國，許多先進國家都可以見到相同的現象[30]。

在這樣的情形下，史丹佛線上高中也展開了保健計畫，這還是線上學校的初次嘗試。

計畫的主要目標，是讓學生習得適合自己的保健知識和技巧，養成良好的習慣。

首先，學生要學會「保健」的基礎，之後便和保健教練定期面談。

接受教練的協助和建議後，學生們就要主動思考自己需要著重的保健項目，例如：人際關係、求學、情緒管理、飲食控制等等。

依據這些基礎訂定目標與計畫，並依自己的實際情形學會必備技能，努力鍛鍊身心狀態，進而改善原有的習慣。

最後利用「自我評價」定期回顧自己的保健活動，自然而然會對自己的生活方式養成三思而後行的心態。

學會保健所需的知識和心態，主動為自己的生活型態做妥善安排，這種技能便是現代人不可或缺的「生存毅力」。

■培養在社會上的「生存毅力」——社會情緒學習

要培養「生存毅力」，與「保健」同等重要的便是「社會情緒學習」（Social and Emotional Learning）。

我們取開頭的大寫字母，簡稱為SEL，這是近幾年美國教學現場的一大趨勢。Social and Emotional Learning（SEL）中文直譯為「社會情緒學習」，藉由理解自己和對方的情緒，從中學習如何培養社會性的知識與技能。

現在風行的SEL趨勢，據說源自一九六〇年代美國耶魯大學的一項專案。耶魯大學周邊有許多低所得學區，當時的學者導入了一項專案，用於指導學生的生活習慣，並協助學生之間建立關係和情緒發展。

很快地，學生的社會性和情緒能力都有所改善，出席率也提高了，老師在課堂上或課外活動所面臨的教學問題因而急劇減少。

與此同時，學生的學習能力竟然大幅提升了！由此可知，只要對學生的社會性及情緒問題予以協助，就能提升學生的學習能力。

此後，SEL概念就擴散到全美各地。隨著SEL研究的進展，人們設想出新的教案，也有愈來愈多學校為此做了種種努力。

牽引著美國SEL趨勢的便是「學業與社會情緒學習協會」（Collaborative for Academic, Social, and Emotional Learning, CASEL）[31]。

CASEL以科學證據來證明SEL，有系統地把SEL導入學校課程中。

CASEL所提倡的SEL架構，將SEL定義為五項能力。

- **自我理解的能力（Self-Awareness）**：有自信心，相信自己的能力必會增長，擁有「成長型心態」，清楚理解自己的強項與弱項。
- **自我管理的能力（Self-Management）**：能與壓力和平共處，並適當地控制自己的衝動，從設定目標到達成任務都能夠保持原本的動機。
- **理解他人的能力（Social Awareness）**：成為能理解多元背景與文化的人，能體貼他人並對他人產生同理心，能從彼此的差異中學習到新事物。

- **建立人際關係的能力（Relationship Skills）**：能與他人建立良好的溝通，彼此互相合作，不受負面氛圍的影響，能提出建設性的方法解決對立，能向他人尋求協助，自己也願意幫助他人。
- **為決策負責的能力（Responsible Decision-Making）**：無論是自己的行動或與他人的互動，都能基於倫理基準及安全性考量而做出建設性的判斷。

上述CASEL的五項能力，就是史丹佛線上高中針對「生存毅力」的教育基礎。

首先，關於SEL部分，學生會學到社會或情緒相關的知識與技巧。學生透過心理學和腦科學的觀點學習人類的社會行為及心理運作，從而獲得社會與情緒運作的相關知識。接著進一步學習壓力管理技巧，並以自我評價的方式養成時時回顧自己內心狀態的習慣。

然而，不管大腦對相關知識的理解有多深入，要讓自己具備社會性，擁有情緒管理能力，都是不容易的事。因此，學生們在SEL課堂上學習知識和技能的同時，我們也會做一些協助，把需要運用SEL的小挑戰設置在學生每天的線上課程中。

例如：學生上講座課時，要在尊重他人意見的前提下闡述自己的意見，藉此學習如何巧妙化解對立、製作自由專題時，則學習與其他學生互助合作，瞭解如何定立目標與計畫。

我們刻意製造各種機會，讓學生將SEL課堂中學習到的知識與技巧，有效地運用到每日的校園生活中。

史丹佛線上高中透過SEL課程與每天的課堂輪番訓練學生，給學生雙倍的練習機會，這才讓SEL的線上化學習成為可能。

這些線上SEL的學習成果，在全美的教育學會等各項場合中都深受大家關注[32]。

■「做了就會成功！」心態最重要

接下來，這裡便仔細談談前述CASEL五項能力之一的「自我理解能力」，我會以具體實例告訴大家，本校如何協助學生實踐「成長型心態」（growth mindset）。

史丹佛大學的教育學教授卡蘿·杜維克（Carol S. Dweck）在她的百萬暢銷書《心態致勝：全新成功心理學》中向世人宣達了「成長型心態」一詞。

所謂的成長型心態，即認為自己的知性和能力將不斷成長（growth）的心態（mindset）。

例如：「雖然今天做不到，但只要努力，總有成功的一天。」這種想法便是「成長型心態」（growth mindset）。

相反的，「反正我就是沒能力，再怎麼努力也一事無成。」說這種話便是「定型心態」（fixed mindset）。

抱持這種心態的人，會覺得自己的知性與能力原就是與生俱來，即使努力不懈也不會有所改變，自身早已被定型（fixed）。

杜維克教授的心態研究清楚地顯示，成長型心態與我們的心理、行動具有關聯性，近年來這個主題成了最熱門的趨勢之一，愈來愈多教育學者和心理學者投入研究。

成長型心態所帶來的知性與能力的成長，在近幾年的腦科學領域中也得到了證實。

我們的大腦擁有驚人的可塑性，若經過恰當的訓練，就連成年人也能學會全新的知識和眾人以為做不到的技能[33]。

腦科學領域早已積累了許多關於大腦可塑性的研究。

現在辦不到也沒關係，只要多練習就會成功——大腦在學習事物時就是這麼有彈性啊！

杜維克教授和其他心態研究專家明白表示，只要我們意識到大腦的可塑性，抱持著成長型心態，就會為我們的心理和行為帶來良好的影響。

抱持著成長型心態的人，便有能力挑戰新事物，對於困境有強大的忍耐力，也能夠從周遭的批判和他人的成功案例中有效學習[34]。

過去關於成長型心態的研究也顯示出其與學習效果的關係——成長型心態能提高成績。

舉例來說，底下是一份以一萬兩千五百名美國高中生為對象的成長型心態訓練報告[35]。

學生們首先要學習腦科學的研究結果，了解人類的大腦具有可塑性。

之後活用學到的腦科學知識，向其他學生說明人類的知性與能力可以大幅改善，對此互相討論，進一步將成長型心態的精神加以內化。

這項訓練依上述要領進行，整體時間為二十五分鐘，然後間隔一定時間再進行第二次。

實驗結果顯示，接受訓練的學生，其成績比沒有接受訓練的學生還要高，尤其是成績較差的那一群孩子變化更顯著。

而且，接受過心態訓練的學生們不只平均分數提高了，在之後的選課上也較有意願挑戰困難的科目。

培養成長型心態的方法

如同這項實驗所做的訓練一樣，最新的心態研究提出了幾個方法，能夠將學生的心態調整為成長型心態。

史丹佛線上高中便將這些方法的精髓納入教學或課程中。

首先，校方積極採行腦科學的研究成果，認同大腦的可塑性，協助學生抱持成長型心態的思惟，避免陷入定型心態的思惟。

接下來，教師自己要能在為人處世上具體表現出成長型心態，這一點請多加留意。因為一旦教師擁有定型心態，學生也容易受到影響而陷入定型心態當中[36]。

此外，教師還要在平日的指導中處處佈滿使學生保持成長型心態的小技巧。

比方說批改作業時，學生先提出報告，老師再給予評價和反饋。之後學生會針對這些評價與反饋，修改自己先前的報告，再次提出修正版。如果修正版的報告獲得較高評價，最後的成績便採用修正版報告。

學生有修正報告「再提出」的機會，為了賦予動機，教師也給予「再評價」的獎勵。

在多數情況下，學生都會遵循教師的反饋和建議來修改自己的報告，並獲得更高的評價。

藉由這樣的過程，學生就不會陷入「我就是八十五分的Ｂ級學生」這種定型心態裡而放棄努力，反而能培養出「雖然我現在是Ｂ級，但只要克服弱點，就可以上升到Ａ級去」的成長型心態。

在我們努力培養學生的成長型心態時，另一方面也要注意不要扼殺了這種正面態度。尤其是老師或父母無心的一句話，很可能讓定型心態的思惟在學生的心裡扎了根，摧毀了他們本該發揮的才能。

下一章將會介紹我們應該事先知道的8個指導方法，告訴大家該如何好好培養孩子，才不會摧毀孩子的才能。

身為父母與教師，都希望孩子能盡情綻放他們的光彩。接下來本書將一舉公開最新科學研究提出的「天才培育法」！

第 4 章

讓孩子一展長才的方法

──8個正確指導

由美國「國家資優教育學會」（National Association for Gifted Children, NAGC）所舉辦的年會，是我每年從未缺席的活動之一。

在二〇一九年的年會上，時任NAGC會長的喬納森．布魯克（Jonathan Plucker）教授說道，人們對天才的理解有兩個「謬論」。

第一個「謬論」是：「就算放牛吃草，天才還是會成為天才。」

頭腦好的人不管如何都會自己主動學習，天才兒童本身就是天才，所以不必教育他們。這似乎是再自然不過的「天才論」。

但是，即便是天賦異稟的天才兒童，若沒有接受適合的教育或協助，便無法綻放耀眼的才華。

就像體能超群的人，若沒有積年累月的適當訓練與支持，也不可能成為奧運選手。學習也一樣，孩子們需要有適才適性的學習環境與支持。

第二個「謬論」是「天才的成績都很優秀」。

「天才」＝「成績優秀」，因為是天才，所以會比其他孩子學得更快，成績自然優秀。

這也是很理所當然的「天才論」之一。

事實上，如果得不到適當的協助，就連天才也無法發揮他們的才能，導致現階段的成績低落。

換言之，成績不佳只不過代表孩子一直沒有得到適才適性的學習環境支持。

孩子們的才能百百種，資優教育的研究明白指出，許多天才並不適合公立教育的體制。尤其是才能卓越的孩子，他們在早期的成長階段便已經懂得彈性思考，思想上能夠超脫事物原有的框架。

然而，這一類孩子所表現出的言論和行動太過突出，很容易被公立教育排除在外，實在是非常遺憾的事。

於是便導致這些孩子停止積極學習，成績隨之惡化，就連學習意願也愈來愈低，陷入一種惡性循環當中。

要如何在早期階段發現孩子的才能，提供他們適當的學習環境呢？

即便是個有潛力的孩子，若只是任其隨意發展，終究成不了真正的天才。我們必須提供適當的協助，溫情守候他們的成長，進而培養其才能。

因此本章將介紹一些協助的方法，教大家如何擴展孩子的才能。

前面章節提及如何修正錯誤的教育常識，這裡進一步公開8個「正確指導」，積極地協助孩子一展長才。

指導1 學育而非教育——把焦點轉向學習的孩子身上

首先，**請把目光轉移到「學育」**，這是擴展孩子才能最重要的提示。

「學育」這個概念，是我一直以來提倡的思想，和過去的「教育」形成了對比。

「教育」一詞經常將目光偏向教導者身上。

所謂的教育，意指由老師「教導培育」學生。人們習慣質問老師該怎麼做才恰當、上課內容是否合適、課程和教學方法有沒有效果……諸如此類。

想法上總著重在教師、教材、教育方法等教導者的角度，這就很容易把身為學習者的孩子置於「受教者」的被動立場。

但是，教育的最終目的，應該是讓學生學習事物，而不是老師教得有多棒、教材做得多精良。

由一名資深教師用號稱最精美的教材上一堂最精彩的課，上課的孩子若沒有實際學到東西，便一點意義也沒有。

我們能做的事，充其量不過是協助孩子發揮原本就有的學習力，僅此而已。

所以，讓我們把「教育」偏重在教導者的目光稍做修正，改而聚焦於學習者身上。

我提倡的「學育」理念，便是讓孩子意識到「學習發育」的觀點，並支援孩子的學習條件，使他們能以最棒的方式學習。

讓我們以「學育」的觀點出發，把作為學習主體的孩子置於思考核心，摸索出適合孩子的學習條件。

即使是眾人叫好的教育方法，如果不適合孩子，那便沒有意義了。我們不能把孩子硬塞入固定的教育方法中。

我們該注重的，不是教育方法或教材擁有多高的評價。

教育法和教材的好評，只不過說明了用在其他孩子身上有效，換句話說，用在你的孩子身上未必有同樣的效果。

我們要時時提醒自己，去尋找適合孩子的學習環境，而非求取評價高的教材或教育法。

「學育」和「教育」的最佳組合

不過，到目前為止，大家或許會覺得有點難以理解吧。

以「學育」的觀點協助孩子學習發育，這部分可以理解。但這是否表示我們不能教導孩子學習？是否要任由學習者隨性發揮，放縱孩子變得任性又散漫？當然不是！

人們會有這樣的疑問和反對，想來也很自然。

「學育」的概念絕對沒有否認教學的必要性。

而是把「教育」偏重教導者的觀點改過來，將焦點放在學習的孩子身上，呼籲大家對新、舊的教育模式與學習方法重新做個積極的檢討。

若某些場合必須運用到過去的教育方法，我們照樣非用不可，雖然序章中提及手把手的細心教學隱藏著危險性，但完全不這麼做也不切實際。

相反的，正因為教學有助於孩子學習，且有其必要性，所以我們更應該事先明白教學背後隱藏了根本的危險性。

換句話說，偏重教導者的「教育」，和重視學習主體性的「學育」，這兩種觀點具有互補關係。

沒有人教導就沒有人學習，而對學習沒有想法的人也不存在教學行為。

因此，學校和教育者必須要合併「教育」和「學育」這兩種觀點，摸索出最佳的組合。考量到學校的目的、經濟資源、每個孩子的學習歷程、現在的動機……等因素，對所有學校和學生都有效的最佳組合是不存在的，不可能有萬能的教育模式和學習方法。

我們嚮往的理想目標，不是依賴單一的教法或輔助方法，而是仔細觀察孩子時時刻刻的變化及成長，不斷嘗試如何優化他們的學習條件。

以教導者觀點為重的近現代教育迎來了轉換期。

如今，促使學生轉向主動式學習的教育趨勢正加速進行中，各校與個人的最佳教育方案也逐漸向「學育」靠攏，而這個趨勢今後將會持續下去。

再次呼籲大家將「學育」的觀點放在心上，這便是擴展孩子才能的第一步。

指導2

注意「刻板印象威脅」

協助孩子主動學習時，不可以專斷獨行地決定教法和教材，同樣的，也必須注意**不要把刻板印象強加在孩子身上**。

「你這個文科腦的數學真差！」
「小Y從小國語就很棒，真不愧是女孩子啊！」
「像爸爸一樣很會讀書喔！」
「你重考一年，年紀比應屆生大，記憶力比人家差，所以要加倍努力啊！」

這些不經意的話語很容易在孩子身上貼標籤。

史丹佛大學的心理學教授克勞德．史提爾（Claude Steele）跟他的研究夥伴在實驗中率先提出「刻板印象威脅」（Stereotype Threat）現象，而後受到了廣泛的研究。

所謂的「刻板印象」，意指社會上依照人種、性別、年齡等屬性來決定對人們的評價。

例如：這個人種比那個人種的體能好、男生在理科領域的表現較優秀、年長者的記憶力不佳……諸如此類。

儘管科學上不斷有研究證明，人種、性別等因素與正面、負面的評價毫無關聯，但社會上還是有許多人殘留著根深蒂固的「刻板印象」。

至於「刻板印象威脅」，意思是當我們意識到負面的刻板印象時，就會受到不良影響，表現出刻板印象所描述的模樣。

舉例來說，史提爾教授等專家的實驗中便明白顯示出，學生會因為意識到知識方面的負面刻板印象，導致現實中的成績下滑。

在美國的社會中，依然存在著非裔美國人智力較差的負面刻板印象。

史提爾教授將參與實驗的非裔美國學生分為兩組，讓他們接受同一份測驗。

測驗之前，他告知第一組受試者：「接下來要進行智力測驗」，卻對第二組受試者表示：「請各位完成這份僅供實驗用的練習題」。

實際進行測驗的結果顯示，被告知智力測驗的第一組，相較於被告知實驗用練習題的第二組，成績竟低了百分之三十以上[37]。

也就是說，當受試者認為自己的智力較差，在這種負面刻板印象的狀態下接受測驗時，實際上的成績便會下降。

換言之，當你意識到負面的刻板印象，負面的刻板印象就會實現。

其他像是女性不適合理科的刻板印象威脅，當女性意識到自己的女性身份後再做數學題，其成績比沒有意識到時下降[38]。截至目前，研究早已表明了種種刻板印象威脅的存在。

為什麼我們應該避免為孩子貼標籤？

大人在協助孩子時確實會有這種現象，我們要先意識到自己可能會發生相似的情況。

當我們擅自斷定孩子的特質，對孩子貼上既定的標籤，孩子很可能會因為過度在意，而在表現上和想法上產生不良影響。

比如開頭提到的「你這個文科腦的數學真差！」便會讓孩子意識到「刻板印象威脅」，幾乎可以算是禁忌話語了。

這句話斷定孩子是文科生，接著讓孩子意識到「文科生的數學差」這種負面的刻板印象，有可能真的導致數學成績下滑。一旦孩子認為自己是文科生所以數學不好，就很可能一語成讖。

同樣的，開頭的一句「你重考一年，年紀比應屆生大，記憶力比人家差，所以要加倍努力啊！」，其中「重考一年」、「年紀大」等詞就給人家貼上負面刻板印象的標籤了，這和文科腦一樣同屬於禁忌之語。

再來，除了負面用詞要忌諱之外，正面的刻板印象也要注意。

例如開頭提到的「小Y從小國語就很棒，真不愧是女孩子啊！」「像爸爸一樣很會讀書喔！」等雖然是正面的話語，但卻給孩子貼上了性別、血緣等天生無法改變的標籤。

孩子對自己與生俱來、無法改變的屬性抱持著正面期待，結果卻可能形成過大的壓力。

如果之後國語學不好，孩子會怎麼看待女孩子的身份？一旦功課上不再如魚得水，作為父親的孩子又會有什麼感受？

他們可能會這樣自責——「女孩子怎麼能學不好國語！」「明明是爸爸的孩子卻這麼沒用！」

為了肯定自己天生不變的屬性，孩子不得不在巨大的壓力下讀書學習，這將為他們帶來不良影響。

正面刻板印象的做法看似殷殷關切孩子，卻也包藏了不容忽視的危險性，請各位一定要謹記在心。

指導3 培養不因犯錯而退縮的能力

在指正孩子的錯誤時，也需要有學育的基本思惟。

當孩子犯了錯，教育者如果叨唸著負面的話語，孩子就會變得畏畏縮縮，這對孩子的學習態度會產生負面影響。我們必須提醒自己，要**多讚美孩子的學習態度，培養孩子不退縮的能力**。

犯錯，是學習路上必要且有效的經驗。

我們應該協助孩子用正面的態度面對錯誤，把犯錯當成是改善自己能力與技術的機會。

根據最新的腦科學研究，孩子犯錯時，大腦反應會變得比平常更活躍，而且可以得到高效的學習成果[39]。

換句話說，如果讓孩子養成畏畏縮縮、迴避犯錯的習慣，就失去有效學習的機會了。

那麼，具體上該注意哪些部分呢？讓我們從以下這句話當中想一想。

「這麼簡單的問題，你為什麼不會呢？真令人失望，再做一次！」

這句斥責聽起來相當嚴厲，不幸地是，我們經常脫口而出類似的話語。

請大家再仔細想想這種指責方式的缺點。

首先，我們其實不該說出「真令人失望」這種負面的主觀表現。孩子已經很努力面對問題了，但努力的結果卻是讓眼前重要的人失望，這種感覺會削減孩子的學習意願。

讚美孩子時可以用「好棒」、「好高興」這種表達主觀情感的說法，但當孩子做錯了，或達不到學習評價的標準時，就應該避免主觀的用詞。

教育者應該從客觀角度著手，清楚說明孩子做錯的地方，提點孩子如何靠自己的力量走向下一步，這一點很重要。

再來，我們不可以一口斷定孩子面對的是「這麼簡單的問題」。

因為「簡單」所以一定解得出來，但是自己卻做不到，當孩子這麼一想，當然不喜歡讀書了。

對說話者來說或許是簡單的問題，但出題難易度和學習教材的程度，必須以孩子現在的進度和能力為基準。

我們要觀察教材是否符合孩子現在的進度，如果教材不符合孩子的程度，卻厲聲指責孩子，攻擊孩子跟不上教材，都會招來反效果。

比起責備，倒不如好好思考如何具體協助孩子達到應有的程度，重新評估一下現在的教材是否適合孩子。

還有，逼迫孩子「再做一次」卻不給任何建議，這一點也要注意。

雖然反覆練習是必要的學習過程，但光要求孩子反覆做不會的題目，不僅得不到預期的結果，孩子反而會因為自己學不會而在心底深深烙下對學習的厭惡感。

如果要孩子再做一次，就要給出建議再讓孩子挑戰，我們理應協助孩子走下一步，然後再鼓勵孩子接受挑戰。

當孩子犯錯時，我們要意識到這是因為努力學習才會發生，首先要稱讚孩子願意挑戰難題。

即便教材的程度較高也無所謂，孩子能夠自我挑戰，從錯誤中得到重新學習的機會，我們就要以正面的態度讚美孩子，如此才能有效協助孩子學習。

孩子犯錯時的指正訣竅

我把孩子犯錯時的指正訣竅和注意重點條列出來，整理如下：

A. 告訴孩子，犯錯是最好的學習機會。
B. 不要使用負面刻板印象的用語。
C. 不要表現出負面的主觀情緒，而是客觀地指出孩子的錯誤。
D. 思考一下，孩子的練習題是否符合其學習進度？
E. 當孩子再挑戰之際，提供孩子一些方向性。
F. 對孩子挑戰問題的勇氣大加稱讚。

把這幾項重點放在腦中，以學育的觀點將開頭的斥責轉換為：「題目很難吧？你願意挑戰這些題目真是了不起！這裡要這樣解，原本那樣不行，注意這幾個地方，你要不要試試看下面幾題？」

此外，有時候孩子解題時會反應自己「不懂」，遇到這種情況，就活用上述幾點來解決吧！

了解自己有不懂的題目，表示已經想過這些題目才有這番領悟。首先我們要對孩子的這份態度予以認同。

接著，對孩子的思路給予建議，或提供一些提示。

孩子會說「不懂」，也有可能單純是不想寫練習題，如果我們判斷孩子處於這種狀態，那就假設現在的學習方法和條件不適合孩子，努力調整能調整的部分。

指導4 替孩子準備許多說話、決定與思考的機會

要讓孩子不因犯錯而退縮不前，我們就要多稱讚他們努力嘗試的態度，與此同時，也要積極製造機會讓孩子主動學習。

孩子可以展現自己的想法，決定自己的行程和計畫，掌握自己的學習內容，更能定下心來慢慢思考。

前面也討論過，從前教師授課所代表的學習環境，使孩子養成被動學習的態度。因此，理想的方式是刻意**在課程中營造大量機會，讓孩子能主動表達、決定及思考。**

首先，我們得不斷製造機會讓孩子能夠表達自己的感受和想法。如果總是我們單方面地長篇大論，勢必會使孩子變得愈來愈被動。孩子終究要成為講者，我們要當個好聽眾。即使身為一名聽眾，我們也要採取「積極聆聽」的方式主動與孩子對話，例如：把孩子的話重整後再覆述一次，也可以向孩子提問或表達認同感，努力透過彼此的對話讓孩子更容易表達自己的想法[40]。

假使我們有需要說明的情況，就分成幾個重點來敘述。說明完重點後，要求孩子整理並重複剛才的內容，或對內容進行提問，協助孩子表達他們能理解的部分和想法。

為了避免孩子因為冗長的說明而成為被動的聽眾，我們要頻頻製造機會讓孩子發言，使自己和孩子之間能夠「積極對話」，這是最理想的狀態。

換句話說，當輪到我們說話時，就讓孩子成為「積極聆聽」的人。

為了達到這個目的，事先要求孩子在我們說完後準備一些評語，也是個有效的做法。告訴孩子：「等一下把我說的話重整後覆述一次」、「待會向我提出一個問題」等等，然後再開始說明。讓孩子帶著目的性聽我們說話，注意力會更加集中。

讀寫交流其實也是類似的情況。

忽然要孩子閱讀一本書並寫下感想，這個方法的門檻實在太高了。

依據章節給孩子一些問題或課題，盡可能給他們更多表達機會，這樣做才有效果。

另外，把讀寫練習和口頭上的交流合併運用，效果也很好。

在與學生進行「積極對話」時，有時可以讓學生把想回覆的答案和談話大意寫下來，這也是不錯的方法。

在實際的生活交流中，人們會混雜使用各式各樣的表達方法，孩子們必須從中選擇適當的做法。

孩子透過表達自己思考和想法的機會來磨練表達能力，便能更深入地了解自己，進而培養出積極學習的態度。

打造一個孩子能獨立決定與思考的環境

除了「自我表達」的機會以外，我們還要協助孩子具備「自己決定」的能力，這一點非常重要。

請讓孩子積極建立自己的學習環境，增加他們自己決定目標和學習計畫的機會。

這裡的重點是讓孩子配合自己的狀況分階段練習。一開始先讓孩子選擇接下來要練習的題目或頁數，從簡單的抉擇出發。

接著可以逐步提高難度，協助孩子設定學習目標，並建立符合目標的學習計畫。之後向孩子介紹目標與自我評價的準則。

此外，在每個學習場合，都讓孩子有選擇上課主題的權力，給孩子許多做決定的機會，這種方法相當有效。

根據課堂上的主題，孩子可以決定自己的專案題材，回答問題時，也可以從事先得知的問題清單中自行選擇題目，並且可以選擇要口頭報告還是書面報告。

多給孩子一些選項，會讓孩子在心態上養成自己抉擇的習慣。

不僅如此，我們還要給孩子大量的機會深入思考事物。孩子深入思考自己學習的題材，提出新的問題，才能加深理解程度。培養孩子積極思考的習慣是非常重要的教育。

舉例來說，我們可以要求孩子說明當天學習的內容，或者主動向孩子提問，引導孩子深入思考並養成習慣。

- 「比方說有什麼例子嗎？」（思考具體實例）
- 「為什麼會這樣呢？」（尋找理由和依據、前提）
- 「會有什麼樣的反對意見呢？」（想像對立的情況）
- 「相似處在哪裡？」「不同處在哪裡？」（發現共通點和相異點）
- 「到時候會怎麼樣呢？」（預測結論或結果）

利用這些問題，為孩子製造思考的契機。

此外，我們也要引導孩子學會自己回答這些問題。

話雖如此，一旦要以考試導向來設計課程，就必須遵循固定的進度上課，不知不覺便延後了孩子深入思考的時間，在那樣的教育環境下，孩子很可能從頭到尾都保持著被動的學習態度。

請盡可能給孩子深入思考的時間，協助孩子培養思考力，長遠來說這將產生良好的結果。

身為協助者的我們要有在孩子身旁守候的覺悟，耐心等待孩子養成主動提問，靠自己思考的習慣。

指導 5 讓孩子學習各種學習方法

透過學習，孩子不光學會了與所學科目相關的知識和技能，在學習的過程中也逐漸懂得學習的方法。

讓孩子接觸多元的學習方法，**給孩子一個能學習各種學習方法的環境**，也是擴展孩子才能的重要關鍵。

在這個急遽變化的社會，孩子們會遇上前所未有的考驗，人人都期待他們能儘快學會新的知識和技能。

孩子要能夠隨時視情況有效率地學習自己所需的新事物，這是未來最需要的技能之一。若能先學會各種學習方法，配合當下的情況做選擇，就能最大限度地發揮自己的才能面對眼前的課題。

即使碰上了困難而停滯，也可以改變做法或進行種種嘗試，總會有彈性的解決辦法。

此外，腦科學也已經證實習得各種學習方法所帶來的效果。

對孩子而言，並沒有學習效果特別好的特定「學習風格」，最好的做法是利用各種方式學習，這在序章中早已闡明。

舉例來說，就連「2+3=5」這麼簡單的計算題也存在著各種算法。

你可以用「2」、「+」、「3」、「=」、「5」的數學符號來理解它，也可以畫出兩個和三個放在一起變成五個，利用圖像方式來理解。

除此之外也可以動手把兩個和三個擺在一起就變成了五個，或者發出聲音數算確認。

用各種不同方式來理解同一個題目時，會使大腦的不同區域發生活化。大腦的不同區域為了理解「2＋3＝5」而活化，因此強化了各區域的連結，使大腦調整至最佳學習狀態[41]。

科學家曾對眾多功績卓著的偉人分析其大腦特徵，結果發現他們大腦中不同區域之間的連結比平常人強得多[42]。

由此可知，利用各種方法和觀點來學習事物，可以讓人擁有彈性而創意的思考方式。

而且，孩子還會因為接觸到種種學習方法，而引發出學習上的主動性。

當孩子習慣使用某一種方法時，可能很少意識到這個事實。

學習其他不同的方法，才有機會重新審視那些早已習慣成自然的方法。

認識各種五花八門的方法，多思考自己的學習方法與環境，都有助於培養主動積極的學習觀。

讓我們協助孩子認識學習的必要性，使孩子主動將目光投入自己的學習當中。

如何學會多樣化的學習方式

那麼，具體上該如何協助孩子呢？

首先，我建議大家多製造機會，讓孩子有意識地回頭檢視自己現在的學習方式。例如：寫筆記的方法、讀教科書的方法、複習的方法、準備考試的方法等等，要求孩子寫出具體的學習步驟。

這麼一來，就能讓孩子重新檢討自己的習慣。

如果孩子目前的學習方法有需要改善的地方，就協助他們改進。我們可以給孩子一些建議，讓孩子自己思考如何改善，也可以為孩子介紹目前已知的有效做法。

此時不要強迫孩子非得實踐這些具體的改善策略或方法不可，我們只要給建議就好，讓孩子下最後的決定，這才是理想的模式。

當孩子回顧自己的學習方法，不斷嘗試改善的過程中，可能很難找到合適的做法，或者看不到立即的進步，這些都是常有的情況。

改善學習方法並非一朝一夕就能實現，大家對這點要有心理準備，請抱著強大的耐心和長遠的眼光來協助孩子。實際讓孩子親手建立自己的學習方式是非常重要的教育。

當孩子找到適合自己的學習方法後，我們依然要協助孩子繼續接觸並習得其他更多不同的學習方法。

雖然有自己偏好的學習方法很重要，但固守在單一方法上卻很危險。

孩子未來可能會被要求在完全不同的環境中學習，也許會因為時間的限制或任務的變化而無法使用自己已經習慣的方法。

請讓孩子多尋找不同的做法，為自己做好準備，一有機會就向孩子建議其他的可能性。

即便學習過程順利，也要告訴孩子能改善就改善，多儲備一些關於學習的知識和經驗，對未來將大有助益。

指導 6 利用「設定目標」與「自我評價」來做有效的學習

要判斷現在正在嘗試的學習方法效果如何，就需要對其進行評價。

「我喜歡這種做法」、「感覺上效果似乎提高了」、「看起來好像更有學習熱忱了」……類似這樣的主觀感受雖然也是判斷成效的線索之一，但我希望有更明確的評估指標。

為此，設定學習目標便成了關鍵，因為目標的達成度可以作為衡量學習效果的基準。以目標為基準，經常評價自己的成果，將有助於調整學習方法和計畫，有時甚至還能改變目標。

養成設定目標和自我評價的習慣，會在學育上讓孩子擁有細心而彈性的學習態度。

美國馬里蘭大學（University of Maryland, College Park）的商學院長暨心理學家艾德溫・洛克（Edwin A. Locke）教授是「目標設定理論」（Goal-Setting Theory）的先驅者，他提出目標設定能提升成果的科學根據。洛克教授認為目標設定有四個主要功效[43]。

- 提高專注力。
- 提高幹勁。
- 使人能更有耐心、更長期地投入事物當中。
- 使人能輕易從自己的技術和知識背景中找到相關連結。

事實上，目前研究顯示，為自己設定目標的人比不這麼做的人得到了更豐碩的成果。

有效設定目標的技巧其實很多，請協助孩子找到適合自己的方法。

這裡向各位介紹哈佛商業評論（Harvard Business Review, HBR）的人氣作家，馬克·艾福隆（Marc Effron）如何依據最新科學研究來設立目標的訣竅[44]。

馬克·艾福隆將他的目標設定法稱為：SIM-ple。S、I、M 這三個英文字母大寫，表示設定目標時應該要意識到的重要概念，總共只有三項，如文字所示非常簡單（simple）。以下是 SIM-ple 的三項概念。

- **Specific：設定明確而具體的目標。**
- **Important：順應自己的現實情況設定重要的目標。**
- **Measurable：設定的目標要能夠以數值評估。**

例如「得出好結果」就不符合 SIM-ple 所設定的目標，這種句型既沒有數值又抽象，令人難以理解是否考量到現實情況，也不知道對說話者是否重要。

而像是「下個月的營業額要比這個月提高百分之十」這個目標，會更符合 SIM-ple 的要求。說話者想達到的結果都用數值和期限具體表達出來了。雖然其現實性與重要性要依現場的情況而定，但若就公司或部門的目標而言，最重要的當然是提高營業額。

從短期目標轉換至長期目標的方法

明白了設立目標的訣竅後，一開始先練習如何設立短期目標。只要把目光聚焦在「短期」，腦海中便能浮現出更具體的畫面，比較容易設立出符合 SIM-ple 架構的目標。

而且，如果是短期目標，孩子也有能力頻繁地評價自己的學習進度。我們要讓孩子自己對目標的達成度養成自我評價的習慣，這一點非常重要。

等孩子習慣短期目標和自我評價之後，請訓練他們設定更高、更長期的目標。

大家都知道，目標愈高成果愈大[45]。我們提供建議時應該多加留心，要讓孩子設定他們有能力實現的遠大目標。

此外，想要達成長期目標，就必須安排好每天該做的事情。

先設定好短期目標，一步一步朝著遠大的目標前進，為了達成目標而鋪設的這段路，會使目標本身變得更有意義。

反之，如果空有遠大目標，卻日日懈怠，沒有具體行動，目標本身就會變得沒有意義。

操作上可以讓孩子以一天或幾天為目標，建立起一段一段的短期目標。接著把這些短期目標和長期目標一起記錄下來。然後在每一個短期目標結束時都進行自我評價，好好瞭解自己向目標前進了多少。你是否達成短期目標了呢？如果是的話，你有多接近自己的長期目標？如果沒達成短期目標，是因為什麼問題？有什麼辦法能解決問題嗎？

讓孩子把上述這幾點如日記般寫下來，即使是簡單的幾句話也沒有關係，這將有助於他們日後對自己的目標設定進行回顧及改善。

透過目標設定和自我評價的習慣，孩子便能養成學習的主動性。

此外，經由短期目標及自我評價的方式來判斷孩子的學習進度，一旦孩子在過程中偏離長期目標，我們很快就能察覺。此時，請毫不猶豫地修正學習計畫或重新思考學習進度。短期目標與自我評價的具體記錄，也有助於修正計畫。

請不要執著於自己達不到的目標，能夠彈性地修正自己的目標，更新對目的的認知，這是非常必要且重要的技能。

目前已知，自認為目的和目標絕對不可以改變的人，離職率也比較高。因為他們太過追求自己相信的目的或熱衷的事物，便很難適應周圍的環境和自己所處的位置[46]。

儘管孩子能藉由目標設定和自我評價的方式養成主動學習的習慣，但第三者的評價也是必要的。

尤其是突然要孩子自己進行評價、設立目標，這是很困難的事，在孩子達到某種程度的適應以前，大人應該先示範如何進行評價、如何設定目標，以長遠的眼光協助孩子養成這些習慣。

很重要的一點是，協助孩子時，注意要尊重孩子的主動判斷和決定，避免過度將自己的想法加諸於孩子身上。

我將目標設定和自我評價的準則整理如下：

1. 利用具體、重要、可數值化的 SIM-ple 架構設立三個目標。

2. 從短期目標和自我評價開始著手。

3. 習慣了以後，在可能實現的範圍內盡量設立遠大的目標。

4. 利用有期限的短期目標鋪路，一步步抵達最終目標。

5. 在每個短期目標結束時記錄自我評價。

6. 如果目標與達成度有所偏離，就重新設定進度或修正目標。

指導 7 別忘了自己是孩子的榜樣

當我們在協助孩子時，自然而然會把焦點放在孩子身上，但有時我們卻必須回頭檢視自己的行為。

不管我們是否願意，對孩子來說都是他們的榜樣。若身為老師或父母，這點自然更無須贅言。

孩子看著身旁提供協助的我們，逐漸學習成長。我們本身就是孩子學習環境的一環，我們的想法、生活方式都會帶給孩子很大的影響。所以，請親自示範想讓孩子學會的習慣吧！如果自己有需要改善的地方，那就非改變不可。

切記，**我們一定要努力成為孩子主動學習的榜樣。**

孩子會對自己周遭的行為加以觀察、模仿，透過這種方式來學習。關於這一點，史丹佛大學的名譽教授亞伯特．班杜拉（Albert Bandura）做了一個非常有名的「波波玩偶實驗」（Bobo doll experiment）。

在這項實驗中，大人對塑膠製的「波波玩偶」（Bobo doll）發出攻擊行為，孩子看了之後，也很容易對玩偶採取攻擊行為。同樣的，看見大人對玩偶溫柔相待時，孩子也會模仿大人溫柔的舉動。

這項「社會學習理論」（Social learning theory）的古典實驗，明確顯示周圍大人的行為會對孩子產生影響。

實驗也證實了周遭的大人所展現的親切或歧視等種種舉動，都會傳遞到孩子身上[47]。

如同實驗結果所示，要養成孩子正確的學習態度，光勸告孩子是不夠的。

最短的捷徑之一，就是自己也做到相同的要求。我們大人親自展現出希望孩子做到的習慣和態度，就學育的角度來說，這對擴展孩子的才能至關緊要。

尤其重要的是不侷限於框架和背景的彈性思考力，無論任何領域都需要這項技能。但是，教導孩子彈性思考並不像教四則運算那麼簡單。

前幾章提過，史丹佛線上高中便是基於這樣的觀點，才規定學生上哲學必修課。

不過，除了哲學課以外，我們能做就的是親自當孩子的「哲學榜樣」，為孩子創造良好的學習環境。

一步一步做好哲學榜樣

如何成為孩子的「哲學榜樣」？

聽起來似乎離目標倒退了一步，其實這裡有三個關鍵——探究、批判、證明。

成為哲學榜樣的第一步，便是擁有對事物的探究之心。

我們要養成一有問題就查證、思考的習慣。當內心有所懷疑：「那是什麼東西？」「這是怎麼回事？」「那是什麼意思？」——請務必重視這個瞬間，不要拿忙碌作為藉口，要立刻查清楚答案。

每次都得到正確答案恐怕很難，但至少要在網路或字典裡查到一定程度的資訊再與人討論，請把這個過程養成習慣。孩子也會學習我們的行為，自然而然擁有對事物的探究之心。

成為哲學榜樣的第二項要素，便是對知識加以批判的態度。

批判性思考並不表示否定該事物。

原有的想法和主張建立於何種前提之下？持反對立場的人會有什麼樣的論點？而自己的主張是站在哪個立場、有什麼樣的理由？順著這些問題來思考，就是哲學思考的基礎。

大家或許會覺得有些抽象，這裡我舉個例子：假設有人主張「政府應該刪減科學研究的預算」。

首先，我們來看看這個主張有什麼樣的前提和依據，可能是「政府財政有困難」、「基礎研究大多得不到實際利益」等等，大家可以想到千百種理由。

接下來把想到的前提和依據條列出來，仔細地討論。

因為政府財政有困難，就該馬上刪減預算嗎？有沒有其他做法？怎麼做才能讓基礎研究帶來實際利益？

此外，也要試著想一想「刪減科學研究預算」這項主張的反方論點，例如：「科學研究人員會失去工作，使日本的整體科學發展衰退。」，而主張刪減預算的人又會怎麼駁斥反方論點呢？

從反方角度提問、思考，會使批判性思考更加深入。

成為哲學榜樣的第三項要素，便是證明自己的主張和想法。

單純敘述自己的想法卻毫無憑據，就會失去和他人互相理解及解決問題的機會。而且，全盤相信某些見解而沒有批判的態度，很容易導致自己的誤解和障礙。

想一想，自己的主張和想法有何依據？該怎麼回應反對者的意見？

批判性思考是建構自己的想法與主張的必要過程，它同時也是一道不可或缺的思考程序，用以證明自己既有的意見和主張。

請各位抱持探究、批判、證明的精神，好好享受哲學生活吧！

只要機會允許，我們就要讓孩子看見這樣的態度，陪伴孩子一起思考，成為他們的哲學榜樣。

指導 8 孩子不是由我們自己撫養，而是在多元的社會中成長

要打造一個能擴展孩子才能的學育環境，**就得了解孩子不可能僅由一個人就撫養得好，**這是我要告訴各位的最後一個正確指導方法。

每個孩子都不應該也不可能由某一個人單獨撫養，甚至也不該依賴家人或學校的支援。孩子們是在整個社會的看顧下成長起來的，包含我們每一個人、家族、學校、周邊社區、其他社會團體等等都為此貢獻了心力。

孩子的學習與成長不該被託付給特定的人群，也不應該任由某些人獨佔。我們不但要盡己所能地幫助孩子，還要想辦法讓更多人一起來看顧、協助孩子，這種環境對孩子來說尤為重要。

舉例來說：我們可以運用自己的人脈、交友圈或社區活動來創造機會，讓孩子與各種不同年齡層的人進行接觸。孩子們可以藉此獲得不同職業或想法所帶來的刺激，學習新的思考方式。

運動、才藝、補習班都能使孩子的學習環境更加多元，進而有機會接觸到不同班級、不同學校、不同學區的其他孩子。

即便是相同年紀的孩子，能和生活在不同環境的人有所接觸，從朋友關係中學到不同的思惟，一起學習成長，這對孩子來說是很重要的體驗。

如果有機會學習其他國家的文化，或認識來自不同國家、族群、文化的人，一定要讓孩子積極參與這類活動。

用一個個基地建構出心理安全網！

孩子接觸各式各樣的人群後，若能對這些團體感受到某種型態的舒適感，進而在心裡形成數個「基地」似的存在，那就更理想了。

孩子心裡的基地愈多，就愈容易創造多元環境，將他們接觸過的所有團體整合在一起。如果孩子已經在某個團體裡交到心意相通的朋友，並懷有強烈的歸屬感，我們就要協助他們繼續參加新的團體，在各個社群中建立多元的體驗。

反之，世上沒有什麼絕對重要的團體或社群，來回穿梭於不同的基地之間完全沒必要感到自卑。

我們每一個人都有許多面向，在不同的團體中發揮不同的特質，這是極為健全的人際相處方式。

進一步來說，當孩子內心歸屬於複數的社群，擁有許多基地，這些基地就會建構出孩子心裡的安全網。

舉例來說，當孩子在某一個團體中處得不好時，他可以和其他團體的朋友聊一聊，從中獲得一些建議，確保內心有精神支持。

請積極地協助孩子和更多社群進行接觸。

如果孩子主動告訴你：「我想參加這個運動社團」，你可別一口否決孩子：「不行，會沒有時間寫作業」、「我沒錢給你繳補習費了」，請好好把握這個絕佳的機會，拓展孩子的學習環境。

無論最後決定怎麼做，都要從基地多元化的觀點來評估孩子的要求。

此外，我們還要確認孩子所處的環境中，是否有相同學習進度或知識需求的朋友。孩子擁有合適的「夥伴」是很重要的事。

隨著孩子加深學習進度和對知識的深入探索，他們會有各自的需求與煩惱。

從外界獲得多元觀點固然有助於孩子學習，而有同樣的目標、能互相理解的夥伴也同樣重要。如果在學校找不到，傳統上常見的手法是到適合自己程度的補習班找找看。

當孩子的學習進度遠高於同儕時，或許可以在較高年級的團體中找到夥伴。

走筆至此，我已經把「天才培育法」的8個正確指導方法全都告訴大家了，照著做就能以學育的思惟來擴展孩子的才能，其中每一項指導都是依據教育學和最新科學研究的成果。

目前受到全球關注的最新教育趨勢也已證實了這些方法。

在世界各國、各地區可以見到多樣化的教育趨勢，其中便存在著未來可能會持續擴大的大趨勢。

在當前全球教育的巨大浪潮下，將會發生什麼變化？下一章我將會澈底剖析全球的主流教育趨勢。

第 5 章

全球主流的教育趨勢

教室外傳來吹哨聲，原來是正在練習運動會要表演的疊羅漢，教體育的伊藤老師很可怕，平常總是嘻笑玩鬧的同學們都戰戰兢兢地練習。

我對歷史課感到頭疼，卻很喜歡上野中老師的課。野中老師上課時深入淺出，偶爾還會夾雜有趣的閒聊，就算長時間聽課也不膩。老師今天要繼續講解明治維新了。

坐在隔壁的川上同學從野中老師開始上課就打起瞌睡，我盯著時鐘測過好幾次，他每次都剛好在上課後二十分鐘睡著，實在太神奇了！

我能理解自己有必要學習一般常識，但學習一百年前的知識有什麼用呢？有必要讓我們背誦年號嗎？對理科的我來說，填鴨式教育沒有意義，最近教育界相當推崇這個概念。

不過，隔壁的川上同學睡得太好了吧！學校的第一節課確實很早，但上課還能睡得這麼安穩，我可沒有這種膽量，川上同學以後一定是個人才啊！

說到這個，上週可真好笑，我終於明白電視有多麼偉大了！上週野中老師請假，所以那天我們改成自習課，在課堂上播放NHK特別企畫的明治維新影片，結果上課後經過二十分鐘，川上同學的眼睛依然緊緊黏在動畫片上，直到下課都沒有打瞌睡。

在學校上了六節課以後，接下來就是社團時間了。慢著，去社辦以前，我得先跑一趟學生會辦公室，拿運動會的企畫傳單，當學生會副會長還真忙啊！

****

以上的校園生活是我少年時代的回憶，我出生於日本川崎市，當時就讀附近的公立中學。

回憶中的課堂和校園景象是從我的角度所訴說的樣貌，任誰都能想像得出這些隨處可見的平凡畫面，一點也不稀奇。

從前常見的校園景象如今正急速改變。

這不是從 COVID-19 才開始的，當代的產業與社會歷經了資訊化、全球化之後，一直以來支撐著社會需求的公立教育也不得不發生變革。

教育的未來將航向何方？

放眼未來，我們必須先了解目前全球教育正在經歷什麼變化，抓準未來教育的方向性。

接下來，經過嚴格的篩選後，就讓我向各位傳達二十一世紀至今的主流教育趨勢。

■為每個人量身訂做的學習法——個人化學習

我們用心回應每位客人的期待，細心剪裁合身的服裝，給您的身體和生活帶來順心如意的舒適感。

以上文字出自某家專門量身訂做西裝的店家傳單。

店裡的師傅會仔細地為客人丈量尺寸，檢視客人的體態，好好理解客人的生活和工作需求，再決定西裝的設計和質地。無論是在外奔波的業務員，或待在辦公室工作的上班族，都能得到最好的服務。師傅為客人量身訂做的西裝，完全符合客人的需求。

那麼，請各位再回想一下開頭提到的課堂畫面。

教室裡有幾名學生，老師站在黑板前面教學，學生們一律使用相同的教科書，學習相同的內容。

這種教學設計，反映出教育機會均等的思想。

教育和學習是人類社會的基礎，我們必須平等對待所有的孩子，盡可能設計出齊頭式的教育。

然而，每個學生的際遇畢竟有所不同，能力和動機也各有差異。對某些學生而言效果良好的學習環境，其他學生很可能覺得進度太快而跟不上，這種情形屢見不鮮。

換句話說，把相同的教學條件套在學習需求各異的學生身上，反倒容易造成不公平的學習環境。

若以西裝來比喻，就像是讓體型、喜好、活動需求都不同的人，一起穿上尺寸相同的成衣。

要認真看待這個問題，就要採取個人化學習。這種教育趨勢，把焦點擺在如何為孩子提供「量身訂做」的學習環境，以此配合孩子的能力和進度。

其實這種根本思惟並非全新的想法。

一直以來，講究「平等」的班級都會注意每個學生的需求，有辦法配合學生的學習狀況進行教學，才稱得上是高明的學校和老師。

即便是公立學校以外的家庭教師或個別指導的補習班，也會以一對一或小班制學習的方式來調整課程及學習進度，這種學習型態早已是司空見慣的做法了。

然而，這種個人最佳化的傳統做法，卻伴隨著種種限制。

例如：大型班級就必須要有一位令人心安的優秀教師，小班制的學習環境則需要較高的經費預算。

以公立學校的有限資源，很難為所有學生提供量身訂做的學習環境。

再說，即使能為一部分的人營造出個人最佳環境，人類可以做到的程度畢竟有限。

首先，一位老師所能顧及的學生人數本就有限，而且教師們各有所長，能協助學生的範圍也不一樣。

人類可以利用科技來突破這個限制，實現最適合個人的學習環境，在公立學校有限的經費範圍內，達到個人最佳化學習。

近年來，這種未來式的個人化學習已成為全球主流教育趨勢。

孩子們過去的學習紀錄都可以數據化，讓電腦透過孩子答題的情況來判斷接下來該出什麼題目最合適。

搭載「人工智慧」（Artificial Intelligence，AI）的學習輔助程式也登場了，它能為孩子提供適當的指示和建議。

孩子們便使用這些個人化學習工具，在最適合自己學習進度的環境下逐步前進。

結合傳統教育的重要性

當然，光靠個人化學習環境就達成完美的教育是不可能的，這只不過是輔助孩子量身訂做適合自己的學習工具。

舉例來說，現行的個人化學習工具，無論在回答性格與背景迥異的學生提問時，或在指導學生的盲點上，還遠遠不及真人教師。

要為學生挑選適當程度的題目，或給予某種程度的建議，都還是需要真人教師的協助。

隨著今後技術的進步，會開發出具有更高指導力的AI教育機器人，但在這種高度個人化的學習環境中，學生跟其他孩子的關係將愈來愈淡薄，缺乏與人溝通合作的學習機會。

當然，來自老師和同學的聲援、鼓勵，在孩子的學習過程中仍舊相當重要，因為旁人的鼓舞能維持孩子的學習動機。

關於這一點，公立學校的傳統團體學習法，無疑有種種的優點。

何不把個人化學習這項新工具的優點，與傳統公立教育的優點去蕪存菁、加以融合呢？目前有許多教育機關、相關團體用各種手法擬定策略，進行新的嘗試，企圖摸索下一個時代的教育方式。

■學習是一個主動的過程——主動學習

讓我們回到一開頭的上課場景。

野中老師在長時間的教學裡穿插閒聊，讓大家上課一點也不無聊，但說到底，為什麼老師要花這麼長時間為我們上課呢？

標準答案之一是「傳授知識」。

野中老師是一名具備歷史相關知識的專業教師，他透過上課的方式將知識傳遞給學生。野中老師是傳遞者，學生是接受者。

正如前一章所言，這是從教導者觀點出發的「教育」思惟。在這個觀點中，把學生看成接受知識的「被動存在」。

相較於此，也有某些教育理論提倡把學習視為主動行為，例如作為「進步主義教育」（Progressive Education）先驅的美國哲學家約翰・杜威（John Dewey），曾說過一句名言：

> 所謂學習，就是學習者完成某項任務，那是由學習者自己主動（active）執行的事[48]。

此外，以「蒙特梭利教育法」（Montessori Education）而廣為人知的瑪麗亞・蒙特梭利（Maria Montessori）博士，也留下了這樣一句話：

> 所謂教育，是由學習者自發性完成的一個自然過程。教育並非從他人的言語中獲得，而是透過體驗周圍的世界所達到的成就[49]。

把學習視為主動的行為，這種想法便成了「建構主義學習理論」（Constructivism Learning Theory）的基礎。建構主義學習理論是一種教育理論，意指學習者主動「建構」自己理解的事物，進而達到學習目的。

我們運用過去具備的知識和技能，將自己理解的事物「組合」在一起，這便是所謂的學習，本質上是一種主動行為。

換句話說，光是在課堂上被動地聽老師教學，不可能學得起來。學生必須將課堂上獲得的資訊和自己過去的知識、技能組裝在一起，重新加以理解，或者更新從前理解的知識，這個主動的過程便是學習。

我一直以來提倡的「學育」，也是根據這樣的教育基本理論。

主動學習也會提高成績

就像這樣，把學習視為一種主動過程，讓孩子自己投入其中，這個趨勢便稱為「主動學習」。

自一九九〇年代開始，「主動學習」的概念再度受到世人矚目，如今以美國為中心擴散到全世界[50]，在日本也算是大家耳熟能詳的詞語了。

史丹佛線上高中的基本教學法——「翻轉教室」，也是一種主動學習法。傳統的教師講課成了學生課前預習的一部分，上課的重心會擺在分組作業和討論上，屬於參與型課程。

除了翻轉教室以外，還有各式各樣的主動學習法。

例如老師上課時向學生提出問題，學生先自己思考（think），然後與同學分組（pair），互相交流討論（share）。「思考－配對－分享」（think-pair-share）就是最有名的主動學習法之一。

另外，只要搜尋一下，就會找到各種主動學習的方法，像是「拼圖式合作學習」（Jigsaw Cooperative Learning）、轉身交談（turn and talk）等等。

當然，在傳統的教師授課中，也有許多促進學生參與課程的設計。

例如課堂上的小考和練習便是有效的方法，讓學生馬上運用上課學到的東西，確實理解。此外，老師暫停授課，空出一段時間讓學生思考、提問，也是傳統教室中常見的做法。

換言之，導入全新的教學法並不是必要的，我們應該重新調整教學和學習環境，把焦點放在如何促進學生積極參與課堂，這同樣能使學生主動學習。

主動學習法不僅有「建構主義」的教育理論背書，也有豐富的研究證明其成效。

相較於教師授課，使用主動學習法進行教學，使學生的落榜率降低了百分之三十以上，若課堂上加入主動學習的元素，就會讓學生的大學考試偏差值提高五分。

根據大量研究報告，從本章開頭提到的各種教育現場，所得到的眾多結果中，便有上述這些案例[51]。

我們固然要留下傳統教育的優良部分，但全球教育正從行之有年的教師授課方式逐漸轉型，主動學習無疑是未來教育的重要元素。

■終有一天無需再用教科書——專題式學習

深入追究建構主義和主動學習的基本思惟，其中一種型態便是「專題式學習」（Project-Based Learning），取開頭的大寫字母稱為ＰＢＬ。

如其名稱所示，這是一種以專題為主的學習方法。

學生透過製作與生活、社會相關的具體專題，一步步深入學習。

例如：學習環境問題時，便以永續飲食為目標，設計一套對環境友善的食譜。學習社會問題時，透過實地製作紀錄片，讓社會大眾知道社會問題的具體狀況。

這部分是ＰＢＬ常見的人氣主題。

學生針對上課的主題自行企畫一項專題，並著手執行，在過程中主動學習必要的知識和技能。

這種主動投入事物並從中學習的態度，正是建構主義和主動學習所追求的教育模式。

相對之下，在課堂上聽老師講解相關的知識與技能，透過練習題和作業予以鞏固後，再把了解的知識與技能具體應用在問題上。

如果這是傳統教師授課的學習過程，那麼ＰＢＬ的思惟便完全與之對立。

ＰＢＬ學習從具體的問題出發，在解決問題的過程中逐漸學會必要的知識和技能。

藉由 PBL 獲得未來所需的技能

前面我們已經指出ＰＢＬ的種種優點了。

首先是讓孩子確實感受到學習目標與自己的生活、社會具有關聯性，他們就願意學習。

若專題內容與實際社會問題有關，而製作時需要學習相關的知識與技能，過程中就能避免孩子像一開頭的課堂回憶那樣質疑所學無用。

再者，要解決現實社會的問題，經常需要同時擁有各領域的觀點。

例如：剛才提到的永續食譜專題，學生要了解可取得每一項食材的環境、食材的成本、料理方式、飲食文化等等，當中必須運用到理科和文科的多元觀點。製作紀錄片也是如此。這不像學習國語、數學、理科、社會等科目，只用既定的角度片面看待事物，專題學習可以培養孩子跨領域的廣泛視野。

而且製作專題時，大多需要和其他學生進行互動及合作。

在一個專題團隊中，每個孩子各有強項，透過彼此互補來解決問題。孩子在過程中就可以學到如何領導他人、如何與人溝通等社會能力。

不用說，當然也能培養自己對專題的企畫力與執行力。

針對主題查詢資料、提出問題、訂立自己的專題，接著實際執行，過程中將學會各種知識與技能，進而找出新的解決方法。

專題學習的企畫與執行能力，正是現代社會中的孩子應該具備的未來技能。

正確執行指令的時代已經結束了，取而代之的是主動面對自己的學習目標，自己尋求解決方法，ＰＢＬ便賦予了孩子這種能力。

另一方面，由於ＰＢＬ所追求的教育模式完全不同於傳統的教師授課方法，因此應用

PBL學習法的教師和學校都要有教育改革的覺悟。

教師不但要對學生的專題提出建議，當學生執行專題時，也要提供機會讓學生學習必要的知識與技能。

和過去站在黑板前講課的做法相比，教師需要完全不同的教學技巧。

此外，以學校的角度來說，如何將執行專題所需的時間和成本併入整體課程中，也會面臨諸多困難的抉擇。

然而，隨著教育科技的發展，解決這些課題的資源比從前多得多，人們也累積了愈來愈多關於PBL的知識與見解。

在全球的教學現場，教育者持續摸索著如何有效活用PBL的方法。

■經研究證實的科學化學習法——學習科學

我解說「學育」的概念時，經常會拿醫學做對比。

不管醫學多麼發達，最終只能在治療的過程中扮演協助的角色。同樣的，教育也只是協助孩子學習的工具，世上不存在「最好的教法」，我們應該抱持「學育」的觀念，在孩子身旁做最佳助力，協助他們自然學習。

就另一方面來說，醫學和教育迥然不同，其中最大的差別就是教育沒有「特效藥」。

就好比我們身邊常見的退燒藥，即便有少許例外，但在大多數的情況下，退燒藥都能發揮降溫作用，醫學史上便出現過形形色色類似的「特效藥」。

但是，教育界卻沒有像退燒藥這種確實有效的「特效藥」。

在這樣的背景下，評估教學方法和教材可以說存在著特有的困難度。

一般而言，當我們要評估某種方法時，必須先理解其目的。

例如：為了進入理想的大學而提高模擬考的分數、出社會後為了提高優秀的業績而學習相關技能、為了度過充實的人生而希望自己有活到老學到老的精神……諸如此類。

無論如何，我們都能設想出其他許多教育目的。

在這些目的當中，有些甚至是彼此矛盾的關係。而面對「活到老學到老的精神」這種抽象目的，要評估其教學方法是極為困難的事。

除了目的的多樣性之外，孩子們的學習進度、熱忱、目標等等也非常多元，更是時時刻刻都在改變。

就算把目的設定為「提高模擬考的分數」，孩子之所以拿到目前的分數，其理由也是千奇百怪。

當然，醫學上說的「高燒」此一症狀，是由種種原因導致，每位病人的健康狀況也各有不同，但大多數的情況下都能發現與退燒相關的因素，基礎研究也證明了這一點。

相對之下，在教育學的世界裡，始終只能評定教學法和學習教材的平均效果，看不到像醫學那樣細膩到物質、細胞層級的基礎研究發展。

即便確認了教學法或教材的平均效果，學者們也無法從大腦或人體的層級來解析該機制是否真的能提高學習效果。

但是，近年的「學習科學」（Science of Learning）為上述歷史畫下了句點。

「學習科學」採用最先進的認知科學和腦科學進行研究，解析人類的學習機制。學習究竟如何進行腦部運作？哪些因素會影響學習？什麼樣的學習方法最適合？關於這些問題的研究已有了豐碩的成果，也愈來愈頻繁地被應用於教育學領域中。

如今，已逐漸成了與學習相關的「基礎研究」。

舉例來說，學習科學的一項知名研究，便是關於學校開始上課的時間。

傳統學校規定學生一大早就開始上課，通常是早上八點到九點左右。

學習科學已經證實，這個時段的學習效率並不好[52]。因此，美國等地都熱烈討論著該怎麼排課才是最有效率的課表，甚至還有一些州立法規定學校上課時間不可以太早。

學習科學驚人的成果清單

學習科學還有許多備受矚目的發現與成果，本書就之前介紹過的部分整理成以下清單：

- **情緒與學習的深刻關係**：只要提高情緒能力，成績也會跟著提升。這是社會情緒學習的成果。
- **沒有偏好的學習風格**：「透過視覺更好學習」、「閱讀讓人更容易學會」……諸如此類「個人學習風格」的概念，絲毫沒有腦科學的根據。
- **最好能運用各種方式學習**：比起特定的學習方法，利用各種手段學習能活化大腦的不同區域，提高學習效果。
- **喚醒記憶能加強學習成效**：經常回想學習過的知識和技能，絕對比單純的複習或重複閱讀更有效果。我們應該把考試當作有效的學習工具。

- **犯錯很重要：**犯錯時，大腦便會發生活化。所以不要害怕犯錯，把它當成學習的機會，也要讓孩子了解這個觀念。
- **社會腦：**與他人互動能活化大腦機能，增強執行力。與他人一起學習、建立關聯性，這種學習方式將得到莫大效果。

然而，目前學習科學的成果與實際的教學現場未必有直接連結。科學的基礎研究要走到實用層面，需要很長時間的積累與發展，若要將學習科學以最佳形式應用於教學現場，也需要花上很長的時間。

近來，為了使基礎科學儘早應用於實際生活中，人們也逐漸意識到學習科學有「轉譯」的必要。

另一方面，正因為學習科學本身就很有趣，也是教育界的主要趨勢，因此很容易讓人不加思索地追逐其研究成果，最後達不到預期的教育成效。

請好好關注學習科學的進一步發展，同時也要抱持著積極、慎重的態度，將研究成果應用在教育當中。

■巴掌大的教室——EdTech與線上教育

受到COVID-19衝擊而加速進行的全球教育趨勢，便是EdTech（教育科技，Education＋Technology）及承擔其部分任務的線上教育。

二〇二〇上半年，全球有十六億師生受到校園關閉的影響，使許多學校不得不採取遠距離教學[53]。

比方說，美國所有的大學一時之間都得轉換為線上授課，就連初等、中等教育也都引進了線上學習。二〇二〇年下半年，學校雖然逐漸重啟面對面授課模式，但步調仍舊緩慢。

不過，EdTech的爆發性擴張並非始於COVID-19，在此之前早已是全球教育的主要趨勢了。

二〇一九年，全球的EdTech市場規模高達二十兆日圓，成長速度是全球經濟成長的五倍，預測至二〇二六年以前將達到五十兆日圓的市場規模[54]。

美國、中國、印度、歐洲等各國都擴大了對EdTech的企業投資，也誕生了好幾家市值超過一千億日圓的獨角獸企業。

報告指出，在教學現場，美國的大學生每三人中就有一人採用線上課程[55]，初、中等教育也有百分之五十以上的教師每天都會在課堂上利用 EdTech 工具[56]。

COVID-19 的爆發，更是加速了教育科技趨勢。

自從我開始任教於史丹佛線上高中以來，線上教育以美國為中心向外產生爆發性擴散，如今迎來了一個高峰。

自一九九〇年代起，美國亞利桑那州的鳳凰城大學（University of Phoenix, UPX）開啟先例，設立了各種高等教育的線上課程，讓學生在線上取得學位和學分。

進入二〇〇〇年代以後，Massive Open Course（MOOC）登上世界舞台，全球各大學都對 MOOC 的出現趨之若鶩，紛紛加入這種教育模式，讓任何人能隨時隨地免費上課。

目前全球知名的 MOOC 平台就是在這個時期創立的，包括麻省理工學院（MIT）和哈佛大學開發的 edX，史丹佛大學的 Coursera 和 Udacity。

此外，蘋果公司也開發了 iTunes U 軟體，開始提供免費的大學課程影音服務。

科技改變了校園風光

線上教育的快速發展，象徵著 EdTech 整體的興盛。

除了線上教學這種先進的教育形式以外，傳統的教育現場也導入了各式各樣的教育科技。

個人電腦當然是不可或缺的設備，其他像是平板電腦或供其使用的教學軟體、數位教材，也一一被開發出來，就連教室的白板和螢幕也全換成觸控式螢幕。

大企業開始投入 EdTech 產業，於是便出現了許多新創企業。

教學現場也處在這場巨變的浪潮下。首先，學校迅速地建置資訊管理系統，開發並更新軟體，把孩子與其家人的資訊、成績、其他管理上需要的所有數據都放上雲端管理。

與此同時，學校也將資訊管理系統廣泛應用於孩子的學習現場，無論是提供上課教材，或繳交、歸還作業和試題都能使用，教育界稱之為「Learning Management System」（學習管理系統），我們取大寫字母通稱為「LMS」。

教育導向的 APP 和數位產業也有持續的爆炸性成長，學校教育經常使用類似的產品輔助教學。

人工智慧和虛擬實境等最先進的科技產品也競相被應用於教育上，就連史丹佛大學的所在地矽谷，各家知名 IT 企業都激烈地搶攻這塊大餅。

近年 EdTech 的盛行加上 COVID-19 的衝擊，進一步加速了教育科技化的趨勢。拿著巴掌大的平板電腦直接參與線上課堂，如今成了司空見慣的一景。

如何配合社會的需求，將最先進的科技應用於教育當中，人們對未來充滿了期待。

■自己設計想要的教育模式——分散式學習

EdTech 和線上教學之所以能普及開來，不是光靠教材數位化和教室「平板裝置化」的功勞。

網路串起了各地的人事物，使教材與課堂達成數位化。因此，教師、學生、教材就沒有必要同時出現在同一個場所了。

換言之，教育和學習是可以分散進行的（distributed）。利用這種特性的教育及學習型態，便稱為「分散式學習」（Distributed Learning）。

學生可以在下班後上網修課，取得MBA學位；即使人在日本，也可以免費聽史丹佛教授的影音課程；就連英語會話、程式設計、才藝等課程都可以輕易地在線上學習。

而且，其他各式各樣分散式學習的機會也日益增多。

在這樣的變化下，人們期待從單一學校來源就能獲得綜合教育機會的時代終於結束了。

一直以來，孩子們會在放學後或週末參與校外活動，如：才藝班、安親班、社團等等，這些確實有助於孩子們的成長。

孩子的學習雖不至於「全部」都來自學校，但學校是協助孩子進行綜合性學習的場所，校外活動始終只占據輔助地位。

然而，由於分散式學習的緣故，現在孩子們可以從包含學校在內的眾多學習場合中，配合自己的需求和環境，為自己量身訂做一套學習策略。

這一門學科在線上課程學，那一門學科到補習班學，實現本書提到的「Design Your Learning」理念。

這就好比不買自己崇拜的音樂家的專輯，而是想辦法拿到一首一首的曲子，再依自己的喜好製作播放清單。

學生可以不選校，而是選擇適合自己的學習機會，設計自己想要的教育模式。那樣的時代即將到來。

教育不可以砍掉重練的理由

這種分散式學習的趨勢，是因應社會變化速度和人們需求多樣化而發生的必然結果，並非在 EdTech 的發展下偶然產生的流行。

在技術革新與全球化的浪潮中，社會迅速變遷，人們需要的技術與能力也愈發多元，令人眼花撩亂。我們要如何為孩子創造機會，學習必要的技能呢？

這是現代公立教育的一大課題。

包含公立教育在內的傳統教育架構，屬於社會基礎建設之一，我們不能期待它應付現在技術革新所帶來的急速變化。

而且，我們也不應該期待傳統教育有迅速應變的能力。既然公立教育是社會基礎建設的一部分，就該保持穩定，不可以有大陣仗的變化。

換句話說，技術革新所帶來的激烈變化和破壞，不符合公立教育的宗旨。

相較於公立教育而言，教育科技產業和公立教育之外的教育計畫，更能做彈性的改變。為了彌補教育基礎建設的缺失，分散式學習的機會今後將逐漸增加。

在當前的教育趨勢中，教育的未來將朝什麼樣的方向進化呢？下一章，我們將展開未來的教育藍圖，一起迎向本書的最高潮——「教育的未來」！

第 6 章

教育的未來

二〇一五年，阿肖克．戈埃爾（Ashok K. Goel）教授在美國喬治亞理工學院（Georgia Institute of Technology）的人工智慧（ＡＩ）課堂中，向學生們宣佈：「從今天起由新助教（ＴＡ）吉兒．華生（Jill Watson）來協助課堂進行」。

不過，戈埃爾教授並沒有說到重點——吉兒．華生是一個搭載人工智慧的機器人。

一直到學期開始後經過一段時間，學生們才開始懷疑，回覆自己線上問題的ＴＡ，不是一個有血有肉的真人。

隨後吉兒．華生便協助大學部、研究所的課程，不管是線上還是面對面，範圍涵蓋生物到工學、電腦科學等等共十七堂課。喬治亞理工學院正試圖探索人工智慧在高等教育的可能性[57]。

以上內容摘錄自線上媒體「EdTech」的報導，該媒體專門搜集教育科技的先端新聞。

這是否會成為下一代孩子們眼中再平凡不過的景象？

或者，就如同其他為數不少的例子一樣，只是人們一時間對最新科技的過大期待而引發的「過度炒作」現象？

教育的未來在哪裡？

本書的最後一章，我想和各位讀者一起探索未來教育的藍圖，看看現在教育的主流趨勢將抵達何方。

乘著潮流航向學校的未來

首先，就世界的潮流來看，我們前面介紹的教育趨勢今後將會加速進行，這是可以預想的情況。

將齊頭式的現代公立教育改革為最適合自己的「個人化學習」；積極參與課程，從而提升學習效率的「主動學習」；透過主動學習，讓自己有機會得到未來所需技能的「專題式學習」。

這樣的主流趨勢，可以解決傳統教育的根本問題，因而深受矚目。

利用最先進的科學對「學習」從根本進行研究的「學習科學」；將現代科技應用到教

育現場之中的教育科技（Education Technology, EdTech）；因科技而實踐了「分散式學習」（Distributed Learning）與隨之而來的教育變革。

這些主流趨勢，將把科學與科技發展、社會需求的變化全都推向同一個方向。換句話說，本書介紹的所有主流趨勢，都不是轉瞬即逝的短暫現象，而是當前時代迎向未來發展的必然方向。

現在的教育趨勢將使教室裡的情景發生以下變化：

・個人化學習

每個學生使用不同的教科書或教材，並依照自己的程度與步調學習適合的課程，同年級的學生也可能學習完全不同的東西。個人學習與交流合作的時間混雜在一起。

・主動學習

老師減少直接授課的時間，課堂上學生之間互動頻繁，打瞌睡的學生減少了，作業練習也變少了。學生增加預習的頻率，上課前要先讀過課本或預錄好的課程影片，最常見的例子即為「翻轉教室」。

· 專題式學習

學生經常有獨立查詢資料的機會，容易找到現實社會與學習之間的關聯，增加與他人合作的機會。孩子的興趣和學習自主性將受到重視，以專題製作成果來評量學生的學習狀況，減少用紙筆考試來評量學生。

· 學習科學

將「學習科學」的研究成果應用於教學現場，例如：學校延後早上第一堂課的時間、讓學生運用各種方式來學習同一件事物、增加社會情緒學習的機會等等。學校規畫教學方法導入學習科學，成立「學習方法」課程，由教職員指導學生有「科學根據」的學習方法。

· EdTech（教育科技）

教師使用智慧互動黑板，學生的書桌也有互動式介面或電腦，大量減少紙本教科書和筆記本的使用量。學生的活動和學習狀況都被數據化並仔細地記錄下來，老師能透過數據分析加強指導。減少學校職員數量。

・分散式學習（Distributed Learning）

縮短學生在校的時間，在家即可參與線上課程，學生能自由選擇哪一天上課，增加與他校學生、教師的線上互動，減少在校學習的科目，增加社團與社群活動的時間。

■學校多樣性——沒有校舍、週休多日、多國校區

該如何恰當地應對教育趨勢所帶來的變化，今後將成為各校的重要課題。變化的程度與速度會因各校的狀況而有很大的差異。

舉例來說，在各地區或社會中培養精英的極少數頂尖學校，便會維持現狀，不會有太多改變。

即便這些頂尖學校的課程和科技環境同樣朝著當前的教育趨勢發展，其學校整體規畫也不會有什麼大變動。

因為它們已經提供給學生既先進又優良的學習機會，所以順應新的趨勢，改善學習機會的幅度也就比其他學校來得小。

此外，像特殊教育學校這類提供特定需求的專業學校或教育機關，其整體性的支援體制

和教師職責也必須保持原狀，不會有明顯的更動。

除了上述這些學校以外，先前提到的教育趨勢將迅速地為各教育單位帶來巨大的變化。

線上教育和分散式學習，能使學校變得更加多采多姿，為學生提供合適的學習機會。只要有好的學習平臺與適當條件，學生就能透過網路上課，站在學校的立場，便沒有必要刻意與他校開設相同的課程。

這讓各校、各地有更多機會展現出固有特色，與此同時，沒有特色的學校也會成為被淘汰的對象，既然學生能夠在網路上課，就不需要那麼多同質性的學校。

作為整個過程中的一環，各個學校與教育機關開始活用分散式學習的優點，進一步結合其他計畫開設獨有的課程。

此外，同一所學校在不同地區、不同國家建置好幾個校區的情況也會逐漸增加。每一個校區皆由網路串連，即便學生處於不同地區或國家，也能參與同一個學校社群的活動。

同樣的，學生不管去不去學校都可以上課，他們可以自己決定何時去學校。

學校的型態變得相當多元，既非完全的線上學校，也不是完全面對面的實體學校，而是一半線上一半實體，學生可以依自己的需求調整線上課與實體課的比例。

傳統學校要承擔孩子各方面的養成，如今由於分散式學習的緣故，這些都可以分散到校外教育課程和教育機關執行。

補習班、才藝班、學校將不再壁壘分明，因此我們有必要提供更多支援，引導學生建立綜合學習計畫。

在這場變革中，人們期待學校能對孩子的分散式學習給予綜合性的建議，協助孩子以「Design Your Learning」的理念規畫適合他們的學習計畫。

學校社群將帶動在地活化

各先進國家的地方社群正逐漸失去從前的功能，隨著分散式學習的發展，學生對學校的依賴度降低，學校作為社群集散地的功能也隨之弱化，這似乎會加速在地社群的崩潰。

這種觀點其實很合理，因此，如果我說分散式學習能使大家再次關注在地社群，聽起來可能令人相當意外。

但是，就我個人的期待是這麼想的。

藉由分散式學習，讓學生從不同的學校和線上課程中得到最適合自己的學習機會，而且價格相對更為低廉，這就減少了在學校讀書的必要性。

儘管如此，線上課程卻很難讓學生培養社交和情感體驗，我們必須為學生創造一些機會，讓他們體驗真實的社會生活。

所以，學校要多協助學生們進行交流、合作和課外活動。人們會重新體認到，在地社群的社交體驗會是很好的機會。

人們注意到學校是在地資源的集散地，有能力重新串連起地方社群，這將賦予學校新的定義。

分散式學習在上述論點下會展現出什麼效果呢？我實在非常期待！

■ 教師的指導能力備受關注，兼職為大勢所趨

隨著學校的社會定位發生變化，教師的角色也跟著有了改變。

首先，在每個孩子個人化的學習過程中，老師不再對特定科目做通盤性的教學，而要不

斷轉換自己的角色，對孩子的學習方法提出建議，指導孩子訂定學習目標和方針，回答種種疑問。

同時，比起教導學校的特定科目，教師未來所需的技巧與能力，會更重視心理及諮商層面，視其能否協助學生訂定學習目標，輔導學生升學或就業。

換言之，人們更期待教師從傳播知識和技術的「教授者」，轉變為對學生的未來或學習計畫給予建議的「指導者」。

另一方面，分散式學習會使教師的工作機會增加。

即使在校外，教師也可以輕鬆地上網指導學生，這樣的機會與需求將與日俱增。

整體社會都處在分散式學習的潮流當中，不允許「兼職」的學校將會遭到淘汰。

由於校外的教育機會增加，如果教師不能接受校外的教學工作，將會增加校外教育市場的需求，帶動薪資上漲，促使教師們紛紛走出校園。

因此，學校方面不得不逐漸開放兼職。

反過來說，由於教學可以兼職了，非全職教師將有更多機會在學校教學。

平常是普通的上班族，午休時間在線上指導高中生，像這樣的景象也會愈來愈常見。

■ 孩子的自主性將愈來愈受重視

前面我們討論了教育的變化，與此同時，也要積極檢討孩子與學習之間的關係。學習正朝著個人最佳化及分散化的方向發展，孩子本身即是學習的主體，應該要積極規畫自己的學習內容。

對學生而言，既然「Design Your Learning」是可行的理念，接下來便是著手執行。自己的終極目標是什麼？為了達到目的，該如何訂定學習目標和學習計畫？有沒有什麼方案或途徑能使自己的學習順利進行？哪一種學習方法適合自己？

每一個學生眼前都有許多選項供其自由選擇，我們期待孩子能因此更深入了解自己，展現對學習的自主性，穩穩掌握住自己的學習計畫和目標。

從前，孩子只要進了學校，就走上了正軌。儘管中途有一些路線切換或岔路，依然是走在鋪設好的軌道上，前方的每一站都很繁榮。

那樣的時代已經是過去式了。

今後孩子們須更主動、更獨立地學習，他們內心湧出的幹勁、喜好、力量值得我們期待。

但是，積極自主地下定目標，主動學習，並不是一件簡單的事。

雖說學習是人類的天性，但孩子還是必須經歷一番過程，去發現並培養自主學習的能力。

因此，我們要做的不是「教育」孩子，而應該把焦點轉向「學育」，把學生當成學習的主體，從旁協助他們學習成長。

在這場迅速而強烈的教育變革中，身為協助者的我們勢必也要跟著改變。

■人工智慧將改變教育到什麼程度？

接下來，讓我們來想一想，科技和教育要如何結合在一起。

本章一開始也描述了人工智慧（ＡＩ）被應用在教育現場的情景，讓ＡＩ代替老師或助教（ＴＡ）協助學生們學習。

在未來的教育環境中，這一類ＡＩ的應用會比現在更廣泛，勢必由ＡＩ來執行教師或ＴＡ的部分工作。

此外，ＡＩ將為個人化學習創造更多的可能性，使孩子能更有效率地選擇適合自己的學習教材或課程。

但是，AI還不能完全取代教師和TA的角色。

要在人際關係中細心地判斷學生的需求，從旁給予協助，或者帶領學生進行活潑的團體活動，都和過去一樣必須由真人執行。

現在的AI還沒有靈活到那種程度，就算未來可能完全取代教師和TA的角色，那也是很久以後的事了。

而且，我認為直到AI完全取代人類之前，都不會發生這種事。

加速AI擴散的地方不在教室裡，而是教室外。辦理學校事務和協助其他學生時，就會大量利用AI。

即使是在紙文化根深蒂固的教育界，一樣會利用AI執行大部分的事務工作。

此外，管理入學成績或學生的學習成果時，會把資料數據化，學校在做某些決定時，也會利用AI進行數據分析。

對學生提供生活指導和與監護人溝通時，更進一步引進了AI技術。

美國的大學已經開始使用聊天機器人協助對學生與監護人的溝通。

智慧型手機裡傳來聊天機器人的問候：「你今天好嗎？」「報告交出去了嗎？」如果學生回答：「壓力有點大。」「咦？要交報告嗎？去哪裡找資料呢？」聊天機器人就會傳送紓壓運動和報告連結過來。

VR 技術真正實現了 EdTech 的未來

不僅如此，虛擬實境（Virtual Reality, VR）、擴增實境（Augmented Reality, AR）等通稱為「延展實境」（X-Reality、Extended Reality, XR）的技術，也被運用在教育當中。價格較為便宜的 VR 和 AR 裝置逐漸增加，美國的學校已經開始摸索該如何將這項工具做各式各樣的應用。

透過這種技術，讓我們體驗他人看待事物的眼光，設身處地為他人著想。本書介紹的社會情緒學習也有許多關於 XR 應用效果的研究[58]。

戴上裝置，到我們無法輕易旅行的地方進行虛擬觀光，模擬真實體驗；你也可以回到過去，甚至前往微觀世界，到現實中不可能去的地方參觀。這些都是為了提高學習效果而進行的新嘗試。

就現狀來說，由於VR影像的製作費用高昂，因此還沒有足夠的好教材，但隨著XR技術的進步，今後可望壓低製作價格。

目前XR在教育上的應用剛跨過期待過度的炒作期，正穩健地邁向下一個時期，更專注於現實層面的應用。

哈佛大學好萊塢化？逐漸「娛樂化」的大學教育

VR技術被應用在遊戲和電影等產業中，早已滲透了我們的日常生活，原本由娛樂產業培養出來的技術，今後將逐漸投入教育領域中。

根據聯合國教科文組織的報告，目前全球的大學在學生約有兩億人，到二〇三〇年以前將會超過四億人，預測其中多數都採用線上課程的方式學習[59]。

線上教育的市場，隨著學生人數的激增，將使大學層級的競爭愈形激烈。

其中，值得注意的是教育的「好萊塢化」現象。

一旦線上教育的競爭愈來愈激烈，加上投資增加，各教育機關便會開始絞盡腦汁，把教學計畫以外的部分也做出區別來。

這將改變過去用簡易設備錄製線上課程或講座影片的樸素風格，在影片中添加電腦合成影像（CG）或邀請名人演出，往提高產品價值的電影化方向前進。

甚至還有琅琅上口的文案用來形容這種趨勢——「哈佛好萊塢化」（Hollywood Meets Harvard）[60]。

在教育「好萊塢化」的潮流中，當分散式學習愈來愈發達，學生無論在哪裡都可以上自己想上的課，那麼不久的將來，教育和學習便會逐漸 Netflix 化。

我們現在可以找自己有興趣的電影，想看再看。以後學生也可以找自己想上的課，到了方便的地點想看再看。

而且，現在的科技還能依過去的上課清單，自動替學生挑選接下來該上的課。

遊戲與學習終將攜手合作

接下來，遊戲和教育的結合也是不容錯過的重頭戲。

其實不光是孩子，就連大人也很喜歡玩電動遊戲。雖然調查的類型各有差異，但平均來說，有很多孩子一天花好幾個小時打電動。

這麼一來，一年大約會花一千個小時，小學、中學、高中合計會花一萬個小時以上在電動遊戲上。這相當於孩子到高中畢業以前在學校讀書的時間總合。

事實上，孩子就只做這件事，是那樣的快樂、沉迷其中。如果把那些時間分一點到學習上，成果會有多麼驚人啊！

這是現代父母們心中迫切的煩惱。於是企業從這個觀點出發，將遊戲的知識技能（know how）活用在教育中，許多地方都已經試行了「遊戲化」（gamification）學習。

把遊戲的性質帶入教育中，這並不是新的想法。

在學校日復一日的課程裡，便散落著能讓孩子快樂學習的小機關。

我還是小學生時，只要寫了十行漢字，就可以得到「漢字券」，這張獎券讓我有權利在中午免費多加一碗飯，忘了帶學用品時也免於受罰。

老師就這樣在課堂上代入類似遊戲的快感。託漢字券的福，我的漢字練習本很快就寫滿了。

近年來由於線上教育和 EdTech 的發展，教育和科技兩相結合後，使學習和教育的遊戲化發展出新的層次。

工程師利用繪圖和遊戲軟體開發了各式各樣的學習軟體，讓孩子們在學習的過程中如同打電動一般快樂。

家裡有孩子的讀者們，手中的平板電腦或智慧型手機裡，說不定也有很多常用的學習APP呢！

教育結合遊戲的潮流今後將繼續發展，終有一天會在學校和整體教育的未來藍圖中形成清晰的輪廓。

■在公司裡拿到學位的未來式終身學習

本書一直把焦點擺在孩子和學校，接下來讓我們以更宏觀的角度來看待教育的未來。人類是一種能夠持續學習的物種，學習無疑是人類的天性之一。因此，「終身學習」在整個社會裡是一個重要的議題。

尤其這幾年終身學習雖然改變了過往的目標焦點，卻因新的社會需求再次受到關注。

我們不能只被工作和生活追著跑，而應好好地培養知識涵養，度過有意義的人生。因此，退休後有人會重新回到大學院校學習，或在當地的才藝教室裡培養愛好。這就是終身學習給人的標準印象。

實際上，日本的《修正教育基本法》第三條，也對終身學習的目標做出以下定義：

為使每一位國民都能磨練自己的人格，擁有豐富的人生，我們必須打造良好的社會環境，讓國民把握人生中所有的機會，在任何場所都能夠學習，並且能適當地活用其學習成果。

我完全贊成這番正確的言論，但這番話聽起來似乎過於理念化了，會這麼想也很正常。

終身學習從「理念型」目的進一步發展，近年來已被認為是生存於現代社會中不可或缺的重要手段。

生活在現代的我們，往往被期待要成為一個具備新技能，順應新價值觀的人。

大學畢業後只要進入大企業工作，就能一輩子過上好日子，這種生活如今已經成了不可能的神話。

年輕人要訓練自己有能力從事新型態的工作，就連社會人士也很可能在明天投入與今天完全不同的工作內容。

在瞬息萬變的現代社會裡，我們要經常保持最新的技術和知識，以迎合不斷改變的產業狀況。

換句話說，這是個為了生存而不得不終身學習的時代。

企業一方面尋求即戰力，一方面充實公司裡的教育訓練，甚至讓員工透過在職進修取得學位，以確保員工在進公司後能具備最新的技術。

例如美國的星巴克（Starbucks Corporation）和亞利桑那州立大學（Arizona State University, ASU）的合作便相當著名。

亞利桑那州立大學從二〇一六至二〇二〇年，連續五年被評為全美最具創新力的大學，是一所評價非常高的學校[61]。

在美國，就職於星巴克的員工，都可以半工半讀，選修亞利桑那州立大學的線上課程，取得四年制大學學位。這是企業培養員工的一環，當然完全免費！

員工利用工作之餘取得學位，提高自己的專業能力，使未來的職涯更上一層樓。

雖說企業都尋求優秀的人才，但如何把公司裡的員工培養成優秀人才，這才是深受少子化及人才短缺所苦的社會與市場迫在眉睫的課題。

微型化學歷的未來

到目前為止，我們所談到的未來教育趨勢，也將會讓學歷在社會上的意義和型態發生重大改變。

關於這一點，從近年的學位微型化已現端倪。

就傳統上來說，學生要在既有的學術領域裡經過長時間的訓練後，才會被授予學位。如果是大學生，通常需要四年的專注學習與研究。

然而，最近有許多課程把傳統學位所需的學習領域和時間加以縮減，只讓學生在短期間密集學習必要的資訊和技能。

這種型態稱為「奈米學位」（Nanodegree）或「微碩士」（MicroMasters），也就是在線上密集接受特定領域的訓練，持續數個月後，即頒發結業證書或資格。

除了學位短期化之外，學校的教育時數也跟著短期化。

美國有許多大學都設計了「迷你學期」（Minimesters），把一般長達數個月的學期（Semester）縮短，讓學生能更有彈性、更快速地學習知識和技能。

「迷你學期」不是依科目計算學分和成績，而是根據學生的技能給予評價，這種「微型證書」（Micro-credentials）和「徽章制度」（Badges），在學校及其他教育機關紛紛流行起來。

社會人士接受短期的講座課程，大學生則學習線上課程的每一個單元。

這種修課模式適用於特別設計過的教材與訓練，目的是為了讓學生學到更精練的知識和技能。

如前所述，由於社會所需的專業知識與技能不斷更替，因此這種讓學生在短期內具備專業技能的課程才會應運而生。

數位化的結業證書就成了學生的職業認證，在考試入學或面試就業之際，被拿來當作大學或公司的評判標準。

然而，站在大學和企業的立場，卻開始質疑這張數位證書的可信度。

求職者拿著一張微型證書，宣稱自己在某個線上課程平臺中學會了某項技能或專業，但這張微型證書有沒有可能是造假的呢？

要在多樣化的課程中一一確認相關技能，那可一點也不現實。

解決這個問題的方法就是使用「區塊鏈」技術，相關機構已經開發了一套系統，把微型證書轉成不可能被篡改的數位檔案。

例如：由麻省理工學院（MIT）開發的區塊鏈畢業證書（Blockcert）便受到相當大的關注。

提到區塊鏈技術，大家就會想到比特幣，但這個技術不光能用在金融商品上，也可以防止我們的技術認證資料遭到篡改，並提供給大學或企業查看。

當線上教育跟教室的黑板一樣普及時

那麼，最後回到我的老本行，以線上教育的未來為這本書做個總結。

首先，線上教育不會完全取代既有的傳統教育。面對面教學以及其他許多傳統教育方法，仍會在未來的教育藍圖中佔一席之地。

但另一方面，線上教育不再像過去一樣屬於體制外的教育，而是自然而然地融入學校教育當中。

如同每一間教室都有黑板或白板般，線上教育也會成為理所當然的教育一景，所有的孩子與教師都將逐漸熟悉這種模式。

線上教育和面對面的傳統教育哪一種比較好？我們不必再面對這種二選一的問題。

線上課與實體課會以各種形式、各種比例融合在一起，產生多樣化的混合學習機會。

在這個過程中，勢必以前所未有的速度淘汰不適合的課程。

COVID-19的肆虐促使全球多數學校將課程轉移到網路上教學，從前那些品質低劣的線上課程和教材全都被暴露在陽光底下，這場大淘汰已經開始了。

此外，傳統的教育方法也會重新受到檢視，不良的教學習慣與教學素材將被替換成新的教育形式。

線上教育這種新的教育形式將逐漸與傳統教育融合，過程中的每一項做法都會被拿來檢討，從而使淘汰加速進行。

新舊教育方法因此起了有機化學反應，形塑出教育的未來。

但是，我們不可以當自然淘汰的旁觀者。

迅猛的淘汰會留下好的教育方法，解決一直以來的問題，使低成本高品質的「混合教學式」（Hybrid or Blended Learning）從這場淘汰中脫穎而出，如此一來，人們獲取教育的方法變得更多元，消除了全球始終可見的教育落差，導正社會階層的差距。

如果放任自然淘汰發展，以上這些事情絕對不可能發生。

線上教育本身並非問題的解藥。

儘管大家一致認同線上教育能增加學生獲取教育的手段，但目前還不能消除教育落差的問題。不僅如此，COVID-19 讓我們明白，線上教育反倒擴大了孩子們的差距。

如果家裡沒有高速網路，就不能接受線上課程；小朋友上線上課時，一定要有大人陪在身邊；完全沒有給特殊教育的線上課程和外來協助。

如果沒有妥善規畫，任意引進線上教育，只會使原本存在於社會的弊端更加嚴重，這一點已經很清楚了。

就像其他的科技一樣，線上教育是個具有強大潛力的工具，但並不能用來解決既有的問題。

請牢牢記住，我們要把線上教育當成一種工具，以積極的態度持續尋求現有問題的解決方法。

〔後記〕

親愛的讀者，感謝你耐心地讀完本書，對於書中描述的未來教育有什麼想法呢？

在序章中，我引用先進的科學研究，把自古以來的教育常識大刀闊斧地斷開來。關於讚美孩子、細心教學、反覆練習、獨自學習……我們必須重新審視這些理所當然的習慣。

從第1章開始，我將眼光聚焦在史丹佛線上高中。為了打造一所經典學校，我們得在必要時捨棄傳統學校裡習以為常的固定模式，我也向各位介紹了「Design Your Learning」精神的具體做法。

第2章則描述當我捨棄固定模式後，打造出什麼樣的線上學校。包括：如何建立線上「翻轉教室」、線上社群，乃至於協助學生考上大學的祕密等等，一舉公開史丹佛線上高中的內部架構。

在第3章裡，我澈底剖析了史丹佛線上高中的課程，人文學科和哲學是我們的核心，並且更進一步介紹了「保健」課程，以及在社會上必須具備的「生存毅力」。

第4章列舉了如何擴展孩子才能的幾項提示。以我提倡的「學育」觀點為基礎，從最新的「學習科學」研究中向各位提出8個正確指導。

第5章帶各位俯瞰現在主要的全球教育趨勢。包括：個人化學習、主動學習、專題式學習、學習科學、EdTech帶來的分散式學習等等，在這章為各位解說最先進的教育模式。

第6章，現在的先進教育即將航向彼岸，那會是怎樣的未來？包括教育、教師、學生的角色變化，科技化的普及……我對教育的未來樣貌提出了種種預測。

隨著社會的變遷，科技將愈來愈發達。

我們會不斷改變對人生、生活需求、價值觀、世界觀的想法。

教育也不例外，必然順著世界的潮流持續改變。

但另一方面，也有一股力量推著教育朝這個方向走。

我們每一個人都必須明白，即使隨順世界進化的方向，也要自主地朝著該前進的地方走去，一同打造出教育的未來。

獻給　ひろ、あや、はなえ

星　友啓

{參考文獻}

1 Carol S. Dweck, “Caution--Praise Can Be Dangerous,” *American Educator*, 23(1): 4-9, 1999.

2 Elizabeth Bonawitz *et al*., “The double-edged sword of pedagogy: Instruction limits spontaneous exploration and discovery,” *Cognition*, 120(3):322-330, 2011.

3 Massachusetts Institute of Technology. “Don't show, don't tell? Direct instruction can thwart independent exploration.” *ScienceDaily*, 2011. <https://www.sciencedaily.com/releases/2011/06/110630112857.htm>

4 Paul A. Howard-Jones, “Neuroscience and education: myths and messages,” *Nature Reviews Neuroscience*, 15(12):817-824, 2014.

5 Harold Pashler, Mark McDaniel, Doug Rohrer, and Robert Bjork “, Learning Styles: Concepts and Evidence,” *Psychological Science in the Public Interest*, 9(3):105-119, 2008.

6 Polly R Husmann and Valerie Dean O'Loughlin, “ Another Nail in the Coffin for Learning Styles? Disparities among Undergraduate Anatomy Students' Study Strategies, Class Performance, and Reported VARK Learning Styles,” *Anatomical Sciences Education*, 12(1):6-19, 2019.

7 Jay McTighe and Judy Willis, *Upgrade Your Teaching: Understanding by Design Meets Neuroscience,* Alexandria: ASCD, 2019.

8 Susanne Vogel and Lars Schwabe, “Learning and memory under stress: implications for the classroom,” *npj Science of Learning*, 1(16011), 2016. <https://doi.org/10.1038/npjscilearn. 2016.11>

9 <https://www.ted.com/talks/kelly_mcgonigal_how_to_make_stress_your_friend?language=en>

10 Abiola Keller et al., “Does the Perception that Stress Affects Health Matter? The Association with Health and Mortality,” *Health Psychology*, 31(5): 677-684, 2012.

11 Jeremy P. Jamieson, Wendy Berry Mendes, and Matthew K. Nock, “Improving Acute Stress Responses: The Power of Reappraisal,” *Current Directions in Psychological Science*, 22(1): 51-56, 2013.

12 Jeremy P. Jamieson, Wendy Berry Mendes, Erin Blackstock, and Toni Schmader, “Turning the knots in your stomach into bows: Reappraising arousal improves performance on the GRE,” *Journal of Experimental Social Psychology*, 46(1): 208-212, 2010.

13 Sean F. Reardon, "The widening academic achievement gap between the rich and the poor: New evidence and possible explanations," In Greg J. Duncan and Richard J. Murnane (eds.), *Whither Opportunity*. Russell Sage Foundation: New York, 2011. pp. 91-116.

14 Henry L. Roediger III and Andrew C. Butler, " The critical role of retrieval practice in long-term retention, " *Trends in Cognitive Sciences*, 15(1):20-27, 2011.

15 Jeffrey D. Karpicke and Janell R. Blunt, " Retrieval Practice Produces More Learning than Elaborative Studying with Concept Mapping," *Science*, 331(6018):772-775, 2011.

16 Cynthia J. Brame and Rachel Biel ", Test-enhanced learning: Using retrieval practice to help students learn" Center for Teaching at Vanderbilt University. <https://cft.vanderbilt.edu/guides-sub-pages/test-enhanced-learning-usingretrieval-practice-to-help-students-learn/#six>

17 Norman Doidge, *The Brain That Changes Itself: Stories of Personal Triumph from the Frontiers of Brain Science*, Penguin Books: New York, 2007.

18 Jo Boaler, *Limitless Mind: Learn, Lead, and Live Without Barriers*, HarperCollins Publishers: New York, 2019.

19 Jean Decety, Philip L. Jackson, Jessica A. Sommerville, Thierry Chaminade, and Andrew N. Meltzoff, " The neural bases of cooperation and competition: an fMRI investigation," Neuroimage, 23(2): 744-751, 2004.

20 OECD, *PISA 2015 Results (Volume V): Collaborative Problem Solving*, PISA, OECD Publishing:Paris, 2017. <https://doi.org/10.1787/9789264285521-en.>

21 David L. Hamilton, Laurence B. Katz, and Von O. Leirer, "Cognitive representations of personality impressions: organizational processes in first impression formation," *Journal of Personality and Social Psychology*, 39(6):1050 1063, 1980.

22 John A. Bargh and Yaacov Schul, " On the cognitive benefits of teaching," *Journal of Educational Psychology*, 72(5): 593-604, 1980.

23 Cynthia A. Rohrbeck, Marika D. Ginsburg-Block, John W. Fantuzzo, Traci R. Miller, "Peer-assisted learning interventions with elementary school students: a meta-analytic review," *Journal of Educational Psychology*, 95(2):240-257, 2003.

24 EdScoop 記事。 "With abysmal completion rates, colleges move to improve approach to MOOCs" <https://edscoop.com/massive-open-online-courses-move-to-improve-completionrates/>

25 EdWeek 記事 "Many Online Charter Schools Fail to Graduate Even Half of Their Students on Time"
<https://www.edweek.org/ew/articles/2019/04/18/many-online-charterschools-fail-to-graduate.html>
26 EdWeek 記事。 "6 Reasons Students Aren't Showing Up for Virtual Learning"
<https://blogs.edweek.org/edweek/finding_common_ground/2020/04/6_reasons_students_arent_showing_up_for_virtual_learning.html>
27 米国初等中等教育法（Elementary and Secondary Education Act）の Title IX, Part A, Definition 22 より、著者意 。
28 <https://interdisciplinary.stanford.edu/>
29 National Wellness Institute の以下の記事より。
<https://nationalwellness.org/resources/six-dimensions-of-wellness/#:~:text=The%20National%20Wellness%20Institute%20promotes,social%2C%20intellectual%2C%20and%20spiritual.>
30 Greg Lukianoff and Jonathan Haidt, *The Coddling of the American Mind: How Good Intentions and Bad Ideas Are Setting Up a Generation for Failure*, Penguin Books: New York, 2018.
31 以下 CASEL の SEL の枠組みは CASEL の以下のウェブサイトより。
<https://casel.org/what-is-sel/>
32 <https://www.digitallearningcollab.com/blog/yes-we-can-do-sel-online-acase-study-from-stanford-online-high-school>
33 Jo Boaler, *Limitless Mind: Learn, Lead, and Live Without Barriers*, HarperCollins Publishers: New York, 2019.
34 Carol Dweck, *Mindset: The New Psychology of Success*, Ballantine Books: New York, 2006.
35 David S Yeager, et al., "A national experiment reveals where a growth mindset improves achievement," *Nature*, 573:364-369, 2019.
36 Aneeta Rattan, Catherine Good, and Carol S. Dweck " "It's ok Not everyone can be good at math" : Instructors with an entity theory comfort (and demotivate) students," Journal of Experimental Social Psychology, 48(3):731-737, 2012.
37 Claude Steele and Joshua Aronson, " Stereotype threat and the intellectual test performance of African Americans," *Journal of Personality and Social Psychology*, 69(5):797-811, 1995.
38 Steven Spencer, Claude Steele, and Diane Quinn, "Stereotype Threat and Women's Math Performance," *Journal of Experimental Social Psychology*, 35(1):4-28, 1999.

39 Jason S. Moser, Hans S. Schroder, Carrie Heeter, Tim P. Moran, and Yu-Hao Lee, "Mind Your Errors: Evidence for a Neural Mechanism Linking Growth Mind-set to Adaptive Posterror Adjustments," Psychological Science, 22(12): 1484-1489, 2011.

40 星友啓著『スタンフォード式生きく力』（ダイヤモンド社、2020年）

41 Jo Boaler, *Limitless Mind: Learn, Lead, and Live Without Barriers*, HarperCollins Publishers: New York, 2019.

42 Claudia Kalb, " What Makes a genius?" *National Geographic*, May 2017.

43 Edwin Locke and Gary Latham, "Building a Practically Useful Theory of Goal Setting and Task Motivation," *American Psychologist*, 57(9):705-717, 2002.

44 Marc Effron, *8 Steps to High Performance: Focus On What You Can Change*, Harvard Business Review Press: Boston, 2018.

45 Edwin Locke and Gary Latham, "Building a Practically Useful Theory of Goal Setting and Task Motivation," *American Psychologist*, 57(9):705-717, 2002.

46 Patricia Chen, Phoebe C. Ellsworth, and Norbert Schwarz, "Finding a Fit or Developing It: Implicit Theories About Achieving Passion for Work," *Personality and Social Psychology Bulletin*, 41(10): 1411-1424,2015.

47 Allison L. Skinner, Andrew N. Meltzoff, and Kristina R. Olson" "Catching" Social Bias: Exposure to Biased Nonverbal Signals Creates Social Biases in Preschool Children" *Psychological Science*, 28(2):216-224, 2017.

48 John Dewey, *Democracy and Education: An Introduction to the Philosophy of Education*, Macmillan: New York, 1916.

49 Maria Montessori, *Education for a New World*, Kalakshetra: Adyar, 1948.

50 下記が古典。Charles C. Bonwell and James A. Eison, "Active Learning: Creating Excitement in the Classroom," ASHE-ERIC Higher Education Report, Washington DC: School of Education and Human Development, George Washington University, 1991.

51 Scott Freeman, et al., "Active learning increases student performance in science, engineering, and mathematics," *PNAS*, 111(23):8410-8415, 2014.

52 M. D. R. Evans, Paul Kelley and Jonathan Kelley, "Identifying the Best Times for Cognitive Functioning Using New Methods: Matching University Times to Undergraduate Chronotypes," *Frontiers in Human Neuroscience*. 11:188. doi: 10.3389/fnhum.2017.00188

53 下記のユネスコウェブサイトより。
<https://en.unesco.org/covid19/educationresponse>

54 Michael Moe and Vignesh Rajendran, “Dawn of the Age of Digital Learning” <https://medium.com/gsv-ventures/dawn-of-the-age-of-digital-learning-4c4e38784226>
55 Inside Higher Ed 記事 “Online Education Ascends” <https://www.insidehighered.com/digital-learning/article/2018/11/07/new-data-online-enrollments-grow-and-share-overall-enrollment>
56 以下 NewSchools と Gallup による以下の調 レポートより <https://www.newschools.org/wp-content/uploads/2020/03/NewSchools-Gallup-Report.pdf>
57 EdTech 記事 “Improving Online Learning and More with Artificial Intelligence” <https://edtechmagazine.com/higher/article/2020/08/improving-onlinelearning-and-more-artificial-intelligence>
58 EdSurge 記事 “How VR Is Being Used to Teach SEL” <https://www.edsurge.com/news/2018-05-29-how-ar-and-vr-are-being-usedto-teach-sel>
59 ユネスコ報告 “Online, open and flexible higher education for the future we want. From statements to action: equity, access and quality learning outcomes.” <https://iite.unesco.org/files/news/639206/Paris%20Message%2013%2007%202015%20Final.pdf>
60 Michael Moe and Vignesh Rajendram, “Dawn of the Age of Digital Learning” <https://medium.com/gsv-ventures/dawn-of-the-age-of-digital-learning-4c4e38784226>
61 U.S. News 記事 “Most Innovative Schools” <https://www.usnews.com/best-colleges/rankings/national-universities/innovative>

加入晨星

即享『50元 購書優惠券』

回函範例

您的姓名：晨小星

您購買的書是：貓戰士

性別：●男 ○女 ○其他

生日：1990/1/25

E-Mail：ilovebooks@morning.com.tw

電話／手機：09××-×××-×××

聯絡地址：台中 市 西屯 區

工業區30路1號

您喜歡：●文學/小說 ●社科/史哲 ●設計/生活雜藝 ○財經/商管

（可複選）●心理/勵志 ○宗教/命理 ○科普 ○自然 ●寵物

心得分享：我非常欣賞主角…

本書帶給我的…

“誠摯期待與您在下一本書相遇，讓我們一起在閱讀中尋找樂趣吧！”

國家圖書館出版品預行編目（CIP）資料

史丹佛線上高中課：用最頂尖的學習方法，實踐全球化趨勢的未來教育／星 友啓著；游念玲譯. —— 初版. ——臺中市：晨星出版有限公司, 2022.04

232面；14.8×21公分. ——（Guide book；380）

譯自；スタンフォードが中高生に教えていること

ISBN 978-626-320-105-7（平裝）

1.CST：數位學習 2.CST：教學法 3.CST：中等教育

524.3 111002504

Guide Book 380

史丹佛線上高中課

用最頂尖的學習方法，實踐全球化趨勢的未來教育

【原文書名】：スタンフォードが中高生に教えていること

作者	星　友啓（Tomohiro Hoshi）
譯者	游念玲
編輯	余順琪
特約編輯	廖冠濱
封面設計	耶麗米工作室
美術編輯	林姿秀
創辦人	陳銘民
發行所	晨星出版有限公司 407台中市西屯區工業30路1號1樓 TEL：04-23595820　FAX：04-23550581 E-mail：service-taipei@morningstar.com.tw http://star.morningstar.com.tw 行政院新聞局局版台業字第2500號
法律顧問	陳思成律師
初版	西元2022年04月01日
讀者服務專線	TEL：02-23672044／04-23595819#212
讀者傳真專線	FAX：02-23635741／04-23595493
讀者專用信箱	service@morningstar.com.tw
網路書店	http://www.morningstar.com.tw
郵政劃撥	15060393（知己圖書股份有限公司）
印刷	上好印刷股份有限公司

定價 350 元
（如書籍有缺頁或破損，請寄回更換）
ISBN： 978-626-320-105-7